COCINA DE invierno

Teresa Rucci

UTILÍSIMA

Dirección Editorial
Utilísima

División Libros
Eugenia Bandin
Alberto Rocchi

Supervisión
Silvia Smid

Producción
Aurora Giribaldi

Diseño
M&A - Diseño y Comunicación

Producción fotográfica
Graciela Boldarin

Fotografía
Sebastián Israelit

Corrección
Gabriel Valeiras

Rucci, Teresa
 Cocina de invierno - 1a ed. - Buenos Aires: Sandler Publicidad, 2006.
 168 p.; 21x21 cm.

 ISBN 987-588-022-1

 1. Recetas de Cocina. I. Título
 CDD 641.564

ISBN-10: 987-588-022-1
ISBN-13: 978-987-588-022-1

Agradecimientos:
Geo Bazar - Buenos Aires Design, Av. Pueyrredón 2501, Capital / **Básicos** - Rodríguez Peña 1381, Capital / **L'Interdit** - Arenales 1412, Capital / **Eco-cook** - Supermercados Jumbo

Dedicatoria

A mi nonna, Angela, una mujer simple y agradecida, que me enseñó a comer rico, a disfrutar de servir un plato y a ser generosa con los comensales.

Agradecimientos

A Ernesto Sandler, por transmitirme las ganas de crecer y mejorar.

A Giselle Tolcachier, por ser una excelente productora y una gran amiga.

A mi mamá, Tatana, porque gracias a ella aposté a mi carrera.

A mi papá, Tomás, por entusiasmarse con cada uno de mis proyectos.

A mis hermanos, Graciana, Carmela, Tomás y Valentín, por todos los domingos compartidos.

A mis hijos, Luciano y Santino, por esperarme todos los días con una hermosa sonrisa.

A Silvia y Aurora, por la dedicación con la que trabajan.

Palabras de la autora

Una doble motivación me llevó a escribir esta colección de libros sobre la cocina de las cuatro estaciones.

Por un lado, los placeres y las satisfacciones vividos en la mesa familiar, heredados de mi ascendencia italiana y vasca, que innegablemente y desde mi niñez marcaron mi manera de comer y beber, mi modo de pensar y ver la cocina con todo lo que ella abarca. Sin duda, esas vivencias están reflejadas en estos libros.

Por otro lado, mi experiencia como cocinera, mi trato con los clientes, los alumnos, los televidentes y sus inquietudes, me han confirmado que quienes se dedican a la cocina lo hacen, en su mayoría, porque vieron a su abuela amasando, a su madre guisando, y mamaron desde su infancia la pasión por los sabores. Es muy poca la gente que incursiona en este ámbito por casualidad, es decir, sin una vocación preexistente. No obstante, unos y otros comparten el miedo a equivocarse, que está presente en todo comienzo.

Creo que esta colección ayuda a iniciarse en la cocina a partir del producto. Considero que cuando conocemos la materia prima, corremos menos riesgos de equivocarnos y tenemos más posibilidades de ganar confianza rápidamente.

Para conocer los productos, su origen, sus cualidades y su tratamiento adecuado, resulta imprescindible conocer su estacionalidad.

En la Argentina están claramente diferenciadas las cuatro estaciones del año. Las variaciones climáticas permiten producir en el país una amplia gama de hortalizas y frutas. Muchas de ellas se encuentran en el mercado durante todo el año, pero mejoran su calidad y precio en determinada época. Otras, sólo se cultivan durante una temporada en particular.

La inmensidad de nuestro territorio y sus diversos suelos modifican la alimentación del ganado según épocas y zonas.

Las diferencias térmicas en nuestros mares, ríos y lagunas generan migraciones que marcan temporadas altas y bajas en las numerosas especies de peces.

En este volumen he tomado en consideración los productos característicos de la época invernal y las preparaciones indicadas para los días fríos.

La información sobre esos productos y las técnicas básicas para su tratamiento culinario figuran en la primera sección. Luego aparecen las recetas que combinan armoniosamente ésas y otras materias primas. Corresponden a entradas, platos principales y postres que conforman distintos tipos de menúes.

Menúes para cuando somos pocos a la mesa, con recetas elaboradas, productos que exigen tratamientos rigurosos y presentaciones individuales.

Menúes para cuando somos muchos, con recetas sencillas y abundantes, productos accesibles y presentaciones en fuentes.

Menúes para ocasiones especiales, con preparaciones festivas ideales para esas cenas en que uno quiere lucirse.

Por último, hay un vocabulario técnico a disposición de los que necesiten verificar el significado de términos de uso común en gastronomía.

La cocina se disfruta. Al menos, eso es lo que yo siento desde que era muy pequeña. Disfruto cuando imagino el plato que voy a cocinar, cuando elijo los productos que utilizaré, cuando pico verduras en la gran tabla de madera que era de mi nonna, cuando huelo los aromas de las hierbas de mi huerta, cuando escucho el ruido de las cacerolas y enciendo el fuego, cuando veo el gesto de satisfacción de quienes degustan lo que con tanto cariño y responsabilidad les ofrezco.

Con este libro les acerco mi deseo de que también ustedes puedan sentir algo tan lindo cada vez que entren en su cocina.

Teresa Rucci

Productos y técnicas

VARIEDADES

CONSEJOS ÚTILES

ELECCIÓN
DE CORTES

HORTALIZAS TUBEROSAS

Los tubérculos son abultamientos que se forman por la acumulación de almidón en los tallos subterráneos o en las raíces de algunos vegetales. Funcionan como reserva de alimento para la planta y como apetecible fuente de hidratos de carbono, vitaminas y fibra para nosotros.

1- BATATA DULCE,

2- MANDIOCA,

3- BATATA,

4- PAPA,

5- PAPINES.

Variedades

Papa: Pertenece a la familia botánica de las Solanáceas, igual que el tomate, la berenjena y el pimiento. Originaria de los Andes, en la actualidad es uno de los alimentos básicos más difundidos. Redonda u ovalada, de tamaño muy variable, se presenta en un sinfín de formas, colores y texturas; las más pequeñas suelen llamarse papines.

Mandioca: También llamada yuca, es originaria de las zonas subtropicales de Brasil y Paraguay. Su carne blanca y firme está recubierta por una piel marrón. Se destacan dos variedades: la dulce y la amarga; esta última debe recibir un tratamiento especial antes de consumirse. La tapioca es el almidón blanco y granuloso que se extrae de los tubérculos de la mandioca.

Batata: Es otro de los productos originarios de América del Sur que se extendieron por gran parte del mundo. Usualmente se comercializan dos variedades, la de pulpa amarilla y la de color rosado, que es más dulce.

Consejos útiles

- Después de pelar hortalizas tuberosas, conservarlas sumergidas en agua a fin de evitar su oxidación.
- Hervirlas a partir de agua fría para que suelten un poco de su almidón.
- Al asarlas o saltearlas, no manipularlas demasiado, para que formen una corteza crocante y dorada.
- Resultan exquisitas si se confitan o se glasean con miel y hierbas como salvia o tomillo.

Batatas glaseadas

Pelar las batatas. Cortar en cubos parejos de 2 cm de lado. Blanquear a partir de agua fría por 5 minutos desde que rompa el hervor; escurrir muy bien. Sellar en una sartén con manteca clarificada, sin mover hasta que se doren de un lado. Remover para que tomen color del otro lado. Sazonar con sal, pimienta y azúcar. Cocinar 5 minutos más.

Chips de batata dulce

Pelar las batatas dulces y lavarlas bien. Con un pelapapas, cortar láminas lo más finas que sea posible. Pasar por almidón de maíz y freír en abundante aceite neutro a 170ºC.

Puré de mandioca

Pelar las mandiocas. Cortar en trozos regulares. Disponer en una cacerola con jugo de limón y hierbas aromáticas, cubrir con agua y cocinar hasta que estén tiernas, pero aún firmes. Colar. Pisar con una nuez de manteca. Llevar a fuego mínimo, incorporar crema de leche y cocinar hasta lograr la consistencia deseada. Salpimentar.

COLES

Las verduras de esta familia, de tallo duro y hojas gruesas con nervaduras carnosas, dispuestas en roseta, aportan antioxidantes y otros valiosos nutrientes.

1- AKUSAY,

2- REPOLLO MORADO,

3- REPOLLO VERDE,

4- REPOLLO BLANCO,

5- COL RIZADA,

6- REPOLLITOS DE BRUSELAS,

7- BRÓCOLI MORADO,

8- COLIFLOR,

9- BRÓCOLI.

Variedades

Repollos: Sus hojas, que pueden ser ovaladas o redondas, lisas o rugosas, forman un cogollo compacto. Las variedades más consumidas son el repollo blanco, el morado, el verde, el chino o akusay (que es el más suave), la col rizada y los repollitos de Bruselas.

Inflorescencias: El brócoli posee abundantes cabezas florales carnosas, de color verde, dispuestas en forma de árbol sobre ramas que nacen de un grueso tallo comestible. La coliflor, por su parte, es una inflorescencia de color blanco y desarrollo incompleto.

8

Consejos útiles

- Las coles combinan muy bien con vinagres aromáticos y mostazas en grano.

- Para saltearlas, cortarlas en juliana fina y cocinarlas por escasos minutos en un wok con materia grasa a temperatura elevada.

- Añadir unas gotas de vinagre blanco al agua de la cocción de la coliflor ayuda a evitar que se vuelva amarillenta.

Blanquear inflorescencias
Descartar las hojas del brócoli y lavar la inflorescencia. Separar las flores con parte de su tallo y hacer un corte en cruz en el extremo inferior. Cocinar de 5 a 10 minutos en agua hirviendo con sal. Enfriar en baño de María inverso.

Cortar en juliana
Retirar hojas exteriores. Lavar el repollo y cortarlo por el medio. Recortar el tronco en forma de cono y extraerlo. Cortar las hojas en tiras delgadas, en el sentido de la fibra.

Efectos saludables
Tanto los repollos como las inflorescencias pertenecen a la familia botánica de las Crucíferas, que incluye 3.000 especies. Investigaciones científicas realizadas en los últimos tiempos han demostrado que ejercen acción anticancerígena por su aporte de antioxidantes, sustancias protectoras que retardan el envejecimiento celular.

HOJAS DE INVIERNO

A pesar del frío, la huerta no descansa. En esta época nos brinda hojas de tonalidades impactantes y curiosos sabores, ricas en fibra, vitaminas y minerales.

1- ACELGA DE HOJA,

2- ACELGA DE PENCA,

3- PAKCHOI,

4- ESCAROLA GRUESA,

5- ESCAROLA FINA,

6- ESPINACA,

7- RADICCHIO,

8- RÚCULA.

Variedades

Radicchio: Presenta diferentes colores y formas. El radicchio de invierno se caracteriza por su sabor marcadamente amargo. Las variedades claras se utilizan sólo para ensaladas; las rojizas son indicadas para estofar o asar a la parrilla.

Rúcula: Las hojas y los tallos jóvenes, de sabor algo picante, se consumen crudos o apenas salteados.

Escarola: De la familia de las endibias. Sus hojas tiernas, de color verde pálido y menos amargas que las de otras variedades, son ideales para ensaladas.

Espinaca: Apreciada por sus hojas tiernas, de color verde intenso. Permite múltiples usos en ensaladas, budines, rellenos y salsas.

Acelga: Posee hojas grandes y nervadas de color verde brillante. Los tallos, llamados pencas, son blancos, amarillos o rojos, según la variedad; se pueden consumir si las plantas son jóvenes, pero cuando éstas se desarrollan se tornan duros y amargos.

Pakchoi: Se conoce también como acelga china, por su origen, o acelga baby, por su tamaño. De sabor delicado, se come crudo o cocido.

Consejos útiles

- Si se incluyen en ensaladas, aliñar a último momento.
- Para saltear o freír, elegir las hojas más tiernas y no cocinar en exceso, pues resultarían amargas.
- La espinaca y la acelga pueden congelarse después de blanquearlas.

Cortar en chiffonnade

Retirar las hojas exteriores. Lavar el radicchio y cortarlo por el medio. Recortar el tronco en forma de cono y extraerlo. Separar las hojas, superponer dos o tres, enrollar y cortar en juliana muy fina.

CARNE VACUNA

La carne roja es la principal fuente de proteínas de nuestra dieta, y los cortes vacunos ofrecen un amplio abanico de preparaciones culinarias. Siempre conviene sellar la carne roja antes de condimentarla, y luego cocinarla hasta alcanzar un punto que oscile entre 55 y 75°C de temperatura interna.

Cortar carne para estofar, guisar o brasear

Retirar la grasa excedente y los tendones. Cortar la carne en tiras de 3 a 4 cm, en sentido contrario al de la fibra. Dividir cada tira por el medio, a lo largo. Cortar en cubos de 3 a 4 cm de lado.

Vaca y ternera

- Se llama vaca la hembra bovina adulta que ha tenido cría por lo menos una vez, o la que pesa más de 330 kilos, independientemente de si tuvo o no cría. Ternera es la que no supera el año de edad; pesa alrededor de 180 kilos antes del engorde, y al final de esa etapa puede llegar hasta los 250 kilos.

- La carne de vaca debe ser de color rojo vivo oscuro y brillante, con grasa ligeramente amarilla y leve olor agradable. Al tacto tiene que notarse dura y elástica.

- La carne de ternera debe ser de color muy claro, ligeramente rosado, con grasa firme y blanca.

Elección de cortes

Los cortes de primera calidad son indicados para grillar o saltear rápidamente, en tanto que los de segunda y tercera calidad se prestan para estofar, guisar o brasear.
La excelencia de la carne depende de la raza, el modo de crianza, la alimentación, la edad, el género y el estado de salud del animal. Como en invierno no hay buenas pasturas en los campos, la mayor parte de la carne que llega al mercado en esta época proviene de ganado que ha recibido alimentos balanceados y, a diferencia de la carne de animales nutridos con pastos naturales, no es óptima. Por eso resulta ventajoso elegir cortes de segunda o tercera calidad y métodos de cocción prolongada a baja temperatura, ideales para los días fríos, que nos den la seguridad de servir carne tierna y jugosa.

CORTES DEL LADO EXTERIOR

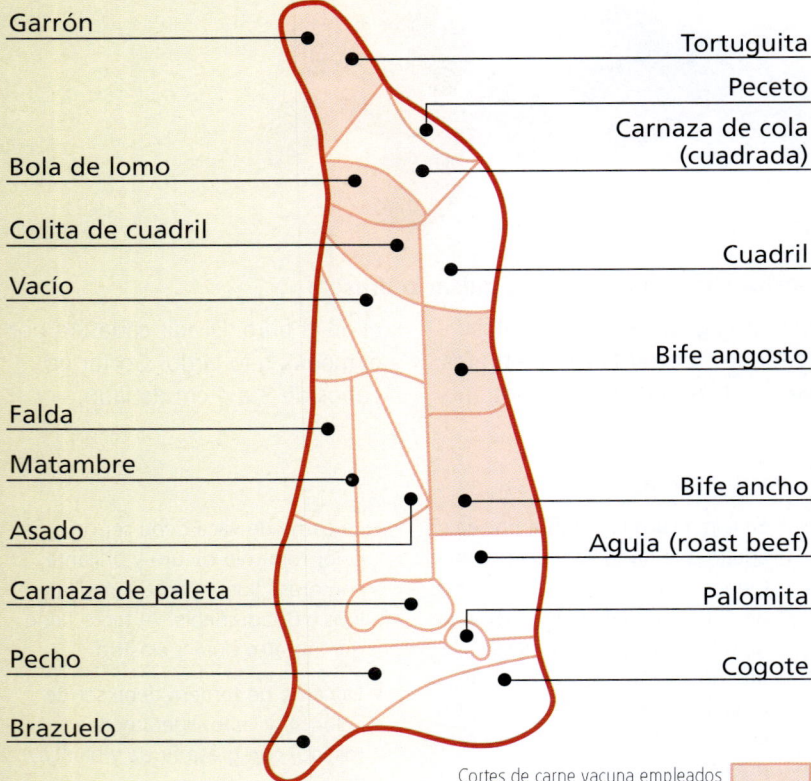

Garrón
Bola de lomo
Colita de cuadril
Vacío
Falda
Matambre
Asado
Carnaza de paleta
Pecho
Brazuelo

Tortuguita
Peceto
Carnaza de cola (cuadrada)
Cuadril
Bife angosto
Bife ancho
Aguja (roast beef)
Palomita
Cogote

Cortes de carne vacuna empleados en las recetas de este libro.

CORTES DEL LADO INTERIOR

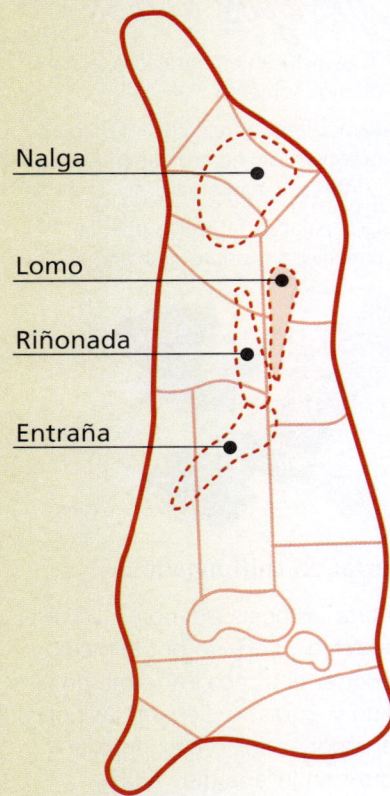

Nalga
Lomo
Riñonada
Entraña

CORDERO

Las ovejas han beneficiado al hombre desde tiempos inmemoriales. Domesticadas antes que la vaca y el cerdo, proporcionaban a los pastores primitivos leche, abrigo y carne. Hoy la leche de oveja es apreciada como materia prima para la elaboración de quesos, y el cordero es muy estimado por su carne tierna, rosada y con bastante grasa, de un sabor inigualable. Se trata de un animal noble que reúne a todas las religiones y niveles socioeconómicos: guiso de pobres para muchos, gigot roti para los exigentes.

Una especialidad argentina

En el mercado se consiguen durante todo el año corderos frescos de tamaño mediano. Se puede comprar el animal entero u optar por distintos cortes: gigot (cuarto trasero), paleta, costillar, silla (zona lumbar).
Pero en invierno la elección imperdible es el cordero patagónico. Criado en la Patagonia argentina, ha ganado renombre mundial por su carne sabrosa y de menor contenido graso. El suelo de la región es árido, lo que obliga a los animales a moverse constantemente en busca de alimento.

Consejos útiles

- Servir el cordero bien caliente en platos precalentados, pues su grasa se enfría con rapidez.

- El cordero debe consumirse jugoso, para no desmerecer sus cualidades. Calcular 20 minutos de cocción por kilo de carne.

- Para evitar que una pieza grande de cordero pierda sus jugos, taparla y dejarla reposar 10 minutos antes de trinchar.

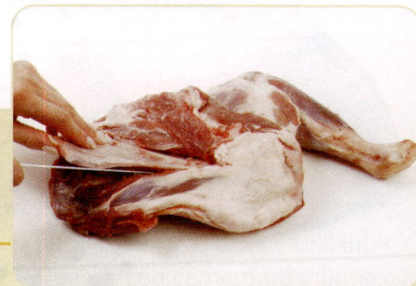

Deshuesar una paleta
Con un cuchillo deshuesador, cortar la carne a ambos lados del omóplato y luego debajo de éste. Hacer un corte paralelo al húmero, por encima de éste. Raspar la carne alrededor del hueso hasta liberarlo. Trabajar sobre el extremo redondo de la articulación para retirar el omóplato y el húmero de una sola vez.

POLLO

De carne blanca, rico en proteínas, fácil de digerir, su presencia en la mesa es casi cotidiana, pues su sabor delicado armoniza con todo y admite cocciones diversas. Se comercializa fresco o congelado, entero o trozado en presas. Los pollos criados en corrales suelen ser más caros, pero también más sabrosos, por su alimentación variada.

Manipulación segura

Para evitar el desarrollo y la transferencia de bacterias como la salmonella, es necesario manipular el pollo con cautela. Hay que lavarlo por dentro y por fuera, cocinarlo hasta que la temperatura interna supere los 60ºC y utilizar distintas tablas para trabajar con pollo crudo y pollo cocido.

Consejos útiles

- Seleccionar piezas gordas y formadas. La piel debe tener un aspecto amarillento uniforme, sin manchas, roturas ni exceso de humedad. La carne tiene que ser firme, compacta y levemente rosada.

- Al elegir piezas pequeñas, ideales para cocciones rápidas, controlar que el esternón sea blando y flexible.

- Para cocciones prolongadas, preferir aves grandes y algo duras.

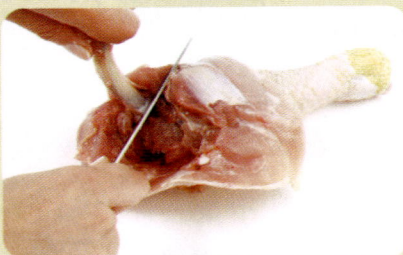

Deshuesar y rellenar una pata con muslo

Sujetar el hueso del muslo y con un cuchillo de oficio raspar la carne hasta llegar a la articulación. Repetir con el hueso de la pata hasta llegar al muñón. Dislocar y retirar el hueso. Rellenar y bridar.

Obtener supremas y rellenarlas bajo su piel

Con un cuchillo de oficio, hacer un corte longitudinal en el medio de la pechuga, sin cortar el esternón. Raspar y cortar la carne a un lado del espinazo hasta dejar expuesta la caja torácica y retirar la primera suprema. Repetir del otro lado del espinazo. Quitar el exceso de grasa. Con los dedos, separar la piel de la carne, sin llegar a los extremos. Colocar el relleno entre la carne y la piel.

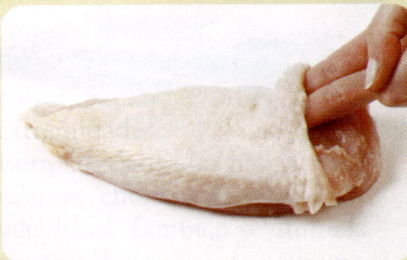

PATO

Muy apreciado para asar la pieza entera, freír o grillar las pechugas y confitar o estofar los cuartos traseros, el pato posee carne roja. Se puede comprar fresco, refrigerado o congelado. El peso de un pato joven ronda los 2 kilos; uno de mayor edad llega a pesar hasta 3,5 kilos.

Variedades

Los patos de criadero, entre los que se destaca el pato de Pekín por sus pechugas gruesas y carnosas, están disponibles todo el año. En cambio, los patos salvajes se consiguen sólo en temporada de caza, desde entrado el otoño y a lo largo del invierno. La carne de estos últimos es muy magra, más dura y de sabor más fuerte que la de los patos domésticos o de granja. También existe el pato mulard o pato cebado, que se cría especialmente para la obtención del foie gras y cuya pechuga se conoce como magret.

Consejos útiles

- Elegir pato de carne firme, piel flexible de aspecto seco, grasa de un tono pálido o blanquecino, no amarillo, y agradable olor fresco.
- Si se va a asar entero, retirar algo de grasa.
- Para piezas grandes y duras, elegir cocciones prolongadas a baja temperatura.
- Dejar reposar 5 minutos el pato cocido antes de servir.
- Combinar con salsas o guarniciones que lleven cítricos.

Confitar un muslo

Colocar en una cacerolita el cuarto trasero del pato. Cubrir con aceite de oliva y de girasol en partes iguales. Aromatizar con piel de naranja, ajo en camisa y romero fresco. Cocinar a 80°C durante 2 horas.

Preparar una pechuga

Recortar los bordes irregulares de la piel. Cortar el tendón. Hacer incisiones romboidales en la piel, sin llegar a la carne. Ubicar con la piel hacia abajo en una sartén tibia sin materia grasa y cocinar de 3 a 5 minutos. Dar vuelta y cocinar 5 minutos más en su propia grasa.

FRUTOS SECOS

Altamente energéticos, estos frutos protegidos por una cáscara leñosa enriquecen con su sabor, textura y aroma nuestros platos de invierno, como también nuestras tortas y panes. Su calidad se reconoce por el peso y por el aspecto de la cáscara, que no debe tener grietas ni raspaduras.

1- NUECES,
2- NUECES PACANAS,
3- CASTAÑAS,
4- MANÍES,
5- CASTAÑAS DE CAJÚ,
6- PISTACHOS,
7- AVELLANAS,
8- ALMENDRAS,
9- PIÑONES.

Variedades

Almendra: Fruto ovalado de cáscara verde. En su interior se encuentran una o dos almendras recubiertas por una piel que al secarse se oscurece. Se

comercializan con cáscara, con piel, peladas, fileteadas y en polvo.

Avellana: Originaria del Mediterráneo. Existen diferentes variedades, redondas o alargadas. Se consiguen con o sin cáscara y en polvo.

Nuez: Una vez partida, presenta dos medios frutos muy sabrosos y blancos, recubiertos por una piel amarillenta que conviene retirar. Se encuentran con cáscara o peladas. Es importante comprobar que sean frescas para que no tengan gusto rancio.

Castaña: Fruto recubierto por una funda verde y espinosa. Rica en almidón, se consume asada o cocida, en puré o en almíbar.

Pistacho: Es originario de Túnez, Irak e Irán. De color verde pálido, está recubierto por una película rojiza y protegido por una cáscara apenas abierta. Se puede comprar entero, pelado y en pasta.

Otras: Macadamias, nueces pacanas, piñones, maníes, castañas de Cajú.

Consejos útiles

- Conservar en lugares frescos y ventilados.
- Partir en el momento de consumir.
- Si se usa agua caliente para que resulte fácil quitar la piel, secar unos minutos en el horno antes de guardar.

Pelar almendras
Sumergir las almendras en agua hirviendo por 1 o 2 minutos. Retirar con espumadera, envolver en un lienzo de cocina y frotar hasta que se desprenda la piel.

Pelar avellanas
Esparcir las avellanas sobre una placa. Hornear de 10 a 12 minutos, hasta que se doren. Envolver en un lienzo de cocina y frotar hasta que se desprenda la piel. Para pelar macadamias, aplicar la misma técnica.

Pelar castañas
Con un cuchillo de oficio, practicar un corte en cruz sobre el extremo redondeado de las castañas. Disponerlas en una placa. Hornear de 10 a 12 minutos, hasta que se doren. Retirar y, cuando aún estén calientes, pelar con ayuda del cuchillo a partir del corte.

CÍTRICOS

Estas frutas de corteza amarilla, anaranjada o verde, gruesa y amarga, tienen la pulpa segmentada en gajos muy jugosos. En invierno nos regalan su maravilloso perfume y su profunda acidez. Son buenas fuentes de vitamina C, fibra y potasio. Originarias de Asia, hoy se cultivan en todos los países del Mediterráneo y de América.

1- LIMÓN,

2- NARANJA,

3- POMELO ROSADO,

4- POMELO BLANCO,

5- LIMA,

6- MANDARINA.

Variedades

Pomelo: Según la variedad, la piel y la pulpa pueden ser amarillas claras o rosadas. En general, cuanto más rosada es la pulpa, más dulce y menos amargo es el sabor.

Naranja: Es una de las frutas que más se consumen en el mundo. El color de su piel va del amarillo al anaranjado intenso; su sabor, del amargo al dulce. Las naranjas dulces son aptas para saborearlas frescas, extraer su jugo y aromatizar con su piel preparaciones tanto dulces como saladas. Las naranjas amargas se utilizan para licores y mermeladas.

Mandarina: De piel suelta y gajos fáciles de separar. Su pulpa es dulce y aromática, con abundantes semillas.

Lima: Ingrediente esencial de la cocina asiática y centroamericana. De piel delgada, lisa y verde, es el más perecedero de los cítricos.

Limón: Fruto grande o pequeño, de forma característica, piel lisa o rugosa y pulpa clara. Tanto su jugo como su piel fragante refrescan todo tipo de preparaciones.

Quinoto: Aunque no es un auténtico cítrico, parece una naranja diminuta y alargada. La piel, amarilla o anaranjada, es más dulce que la pulpa, que es muy ácida. Juntas proporcionan un delicioso sabor agridulce.

Consejos útiles

- Para utilizar la piel, lavar y cepillar bien el fruto.
- Se conservan por varios días a temperatura ambiente y durante semanas en la heladera.
- Extraer el jugo a último momento.

Pelar a vivo

Pelar la naranja retirando, junto con la piel, la membrana blanca y amarga.
Sostener la fruta en una mano. Con un cuchillo de oficio, hacer un corte a cada lado de un gajo, entre la pulpa y la membrana, hasta llegar al corazón. Retirar el gajo y repetir con otro. Ir girando la naranja hasta separar todos los gajos.

Cortar en juliana

Obtener tiras de piel de limón con un pelapapas. Cortar a lo largo en hebras.

Confitar cascaritas

Colocar en una cacerola 250 cc de agua y 130 g de azúcar; llevar a hervor. Incorporar la piel de 1 pomelo cortada en juliana. Cocinar hasta que el líquido se reduzca a la mitad. Escurrir las cascaritas. Colocarlas sobre una placa con 150 g de azúcar y remover para rebozarlas. Dejarlas secar de 4 a 6 horas dentro del horno apagado.

CHOCOLATE

El adjetivo "irresistible" bastaría para definirlo. No obstante, digamos que el chocolate es una mezcla de pasta de cacao, azúcar y manteca de cacao en diferentes proporciones. Puede incluir frutas, esencias y leche.

1- CHOCOLATE AMARGO,
2- CHOCOLATE CON LECHE,
3- CHOCOLATE BLANCO.

a- CACAO AMARGO,
b- CACAO SEMIAMARGO,
c- CACAO DULCE.

Variedades

Los chocolates se diferencian por su contenido de cacao, su calidad y su presentación.

Chocolate cobertura: Su alto contenido de manteca de cacao reduce su punto de fusión, por lo que resulta insustituible para decoraciones y figuras de chocolate. Su proporción de cacao depende de la calidad (los de calidad superior llegan a tener 75% de cacao, aunque el mínimo obligatorio es de 16%) y del tipo de chocolate, que puede ser amargo, semiamargo o con leche.

Chocolate blanco: Se compone de manteca de cacao, leche, azúcar y vainilla como aromatizante. No contiene pasta de cacao.

Baño de repostería: Incluye en su composición grasas hidrogena-das que permiten utilizarlo para decoraciones sin templarlo. Resulta práctico, pero no es apto para postres de jerarquía.

Elaboración

De la molienda de las semillas tostadas se obtiene la pasta de cacao, una crema untuosa y amarga, con 45 a 60% de grasa, que no se encuentra habitualmente en el comercio. La manteca de cacao se extrae por presión de la pasta de cacao. De textura firme y color blanco amarillento, se utiliza para elaborar el chocolate.
El cacao en polvo se consigue a partir del pulverizado de la pasta de cacao. Es amargo, pero con el agregado de una proporción variable de azúcar resulta dulce o semiamargo.
Para lograr el chocolate, la pasta de cacao se combina con manteca de cacao y azúcar. La mezcla se muele y luego se somete a un procedimiento llamado conchage, que se realiza mediante movimientos de vaivén a una temperatura de 80ºC con el objeto de incorporar una mayor proporción de cacao y estabilizar el producto.

Recetas para 4 personas

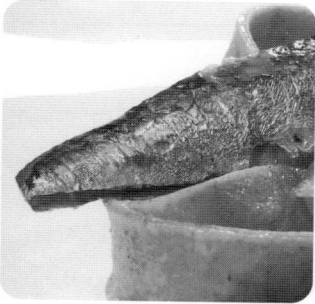

ENTRADA

PLATO PRINCIPAL

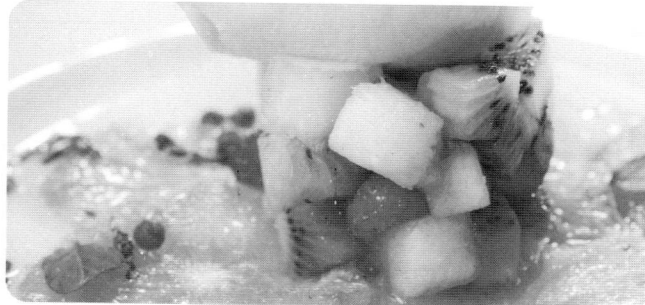

POSTRE

Ataditos de calamar y radicchio, gremolata de echalotes y cítricos

Ingredientes

GREMOLATA
Echalotes, 4
Piel de 1 limón
Piel de 1 pomelo
Ciboulette picada, 1 cucharada
Sal, pimienta
Aceite de oliva, 200 cc

ATADITOS
Radicchio, 2 plantas
Tubos de calamar, 4
Hojas de ciboulette
Manteca, 50 g
Martini, 250 cc

MONTAJE
Papas españolas

Preparación

GREMOLATA
Cortar en brunoise los echalotes y la piel de los cítricos. Colocar en un bol y unir con la ciboulette. Condimentar con sal, pimienta y el aceite de oliva.

ATADITOS
Retirar las hojas exteriores del radicchio. Cortar en cuartos. Reservar. Limpiar los tubos de calamar. Hacer un corte longitudinal en cada uno; abrir y cortar en juliana fina.
Armar ataditos de radicchio y calamar; sujetar con hojas de ciboulette. Salpimentar.
Grillar brevemente de ambos lados en una plancha o un grill con la manteca, a fuego muy fuerte. Rociar con el Martini.

MONTAJE
Servir dos ataditos en cada plato, con una torre de papas españolas cocidas al vapor. Rociar con la gremolata.

Tian de mero con espinaca, tomates cherry y olivas negras

Ingredientes

PESCADO
Filetes de mero, 4
Sal, pimienta
Aceite de oliva

VEGETALES
Cebollas, 2
Tomates cherry, 300 g
Albahaca, 8 hojas
Puré de tomate, 200 cc
Espinaca, 300 g
Ajo, 2 dientes

SALSA
Manteca, 30 g
Harina, 30 g
Vino blanco seco, 100 cc
Crema de leche, 300 cc

MONTAJE
Aceitunas negras, 12

Preparación

PESCADO
Cortar los filetes en trozos de 150 g cada uno y salpimentar. Sellar de ambos lados en una sartén antiadherente con aceite de oliva. Reservar al calor.

VEGETALES
Cortar las cebollas en brunoise. Rehogar en una sartén con aceite de oliva. Agregar los tomates cherry cortados por el medio y la albahaca trozada groseramente. Saltear por unos minutos. Incorporar el puré de tomate. Cocinar a fuego suave 5 minutos. Salpimentar y reservar. En otra sartén con aceite de oliva, saltear brevemente a fuego fuerte las hojas de la espinaca y el ajo picado.

SALSA
Calentar la manteca en una cacerolita. Incorporar la harina y cocinar 3 minutos a fuego suave. Desglasar con el vino y dejar que se evapore el alcohol. Incorporar la crema de leche. Cocinar 5 minutos y salpimentar.

MONTAJE
En el centro de cada plato superponer un trozo de pescado y porciones de espinaca, salsa y tomates. Repetir las capas. Decorar con las aceitunas fileteadas y hojas de albahaca.

Tarta suave de queso y vainilla, compota de cerezas

Ingredientes

MASA
Harina 0000, 150 g
Sal, 1 pizca
Polvo de almendras, 50 g
Manteca, 100 g
Azúcar, 25 g
Yemas, 2
Agua fría, 4 cucharaditas aprox.

RELLENO
Crema de leche, 300 cc
Vainilla, 1 vaina
Queso crema, 300 g
Huevos, 3
Yema, 1
Azúcar, 75 g

COMPOTA
Cerezas en conserva, 450 g
Aceto balsámico, 4 cucharadas
Azúcar, 4 cucharadas
Piel de 4 naranjas

Preparación

MASA
Tamizar la harina y la sal. Incorporar el polvo de almendras y la manteca. Trabajar con un corne hasta lograr un arenado. Añadir el azúcar, las yemas de a una y el agua necesaria para formar una masa blanda. Envolver en film y dejar reposar en la heladera 30 minutos. Estirar la masa hasta alcanzar 3 mm de espesor. Fonsear moldes de 8 cm de diámetro y 2,5 cm de alto, ligeramente enmantecados. Pinchar la base con un tenedor y llevar a la heladera 10 minutos. Hornear a 180°C hasta dorar apenas.

RELLENO
Colocar en una cacerola la crema y la vaina de vainilla cortada por el medio. Calentar a fuego muy lento hasta que hierva. Retirar, tapar y dejar en infusión por 30 minutos. Quitar la vainilla y enfriar.
En un bol mezclar el queso, los huevos, la yema, el azúcar y la crema ya fría. Repartir sobre las bases de masa. Hornear 20 minutos más, hasta que el relleno empiece a cuajar.

COMPOTA
Escurrir las cerezas sobre un lienzo. Disponer el aceto, el azúcar y la piel de naranja en una cacerolita. Llevar a hervor sobre fuego suave. Incorporar las cerezas. Cocinar 10 minutos, hasta que el jugo tome consistencia de jarabe y las cerezas estén tiernas.

MONTAJE
Servir la tarta a temperatura ambiente, acompañada con la compota de cerezas.

Flan de pejerrey al kirsch, salsa de ciboulette y limón

Ingredientes

FLAN
Filetes de pejerrey, 300 g
Claras, 2
Leche, 100 cc
Kirsch, 100 cc
Crema de leche, 100 cc
Ralladura de naranja, 1/2 cucharada
Chile picante, 1/2
Sal, pimienta

SALSA
Ciboulette, 40 g
Fumet de pescado, 200 cc
Jugo de 1 limón
Echalotes, 2
Manteca, 80 g

MONTAJE
Berro, ciboulette

Preparación

FLAN
Trozar el pescado. Procesar con las claras, la leche y el kirsch. Incorporar la crema y la ralladura de naranja. Condimentar con el chile picado, sal y pimienta.
Llenar moldes individuales enmantecados. Hornear a 160°C, a baño de María, de 15 a 20 minutos o hasta que tome consistencia.

SALSA
Procesar la ciboulette con el fumet para lograr un coulis. Reservar. Colocar en una cacerolita el jugo de limón, los echalotes picados y 1 cucharada de agua. Llevar al fuego y reducir a la mitad. Incorporar el coulis, bajar el fuego y añadir la manteca, batiendo enérgicamente y sin dejar que hierva. Salpimentar.

MONTAJE
Disponer el flan en el centro del plato. Colocar al lado una ensalada de berro. Salsear a los costados y decorar con ciboulette picada.

Suprema con portobelos confitados, cebollas rellenas, salsa de mango

Ingredientes

SUPREMA
Hongos portobelos, 150 g
Tomillo
Aceite de oliva, 300 cc
Supremas de pollo, 4
Sal, pimienta

GUARNICIÓN
Cebollas medianas, 4
Harina para empolvar
Aceite para freír
Papas, 200 g
Avellanas peladas, 50 g
Queso azul, 80 g
Aceite de oliva

SALSA
Mango, 1
Vino blanco, 80 cc
Fondo de carne, 300 cc
Tapioca, 1 cucharadita

MONTAJE
Hierbas frescas

Preparación

SUPREMA
Limpiar los hongos con un lienzo húmedo. Colocar en una cacerolita, añadir tomillo y cubrir con el aceite. Llevar a fuego muy suave por 30 minutos. Retirar los hongos y cortar por el medio. Reservar. Quitar la piel de las supremas. Hacer una incisión a lo largo, para mechar. Rellenar con los hongos, sin llegar a los bordes. Salpimentar. Sellar de ambos lados en una sartén con aceite de oliva. Pasar a una placa y terminar la cocción en el horno a 180°C por 10 minutos.

GUARNICIÓN
Cortar por el medio las cebollas. Ahuecar, secar y pasar por harina. Freír y reservar.
Cortar las papas en cubos muy pequeños. Saltear en una sartén con aceite de oliva. Añadir las avellanas picadas groseramente, salpimentar y retirar del fuego. Agregar el queso azul cubeteado. Rellenar las cebollas y gratinar a último momento.

SALSA
Pelar el mango y cortar en dados pequeños. Colocar en una cacerolita con el vino. Cocinar 10 minutos, agregar el fondo y reducir por unos minutos más. Salpimentar y espesar con la tapioca disuelta en 2 cucharadas de agua fría.

MONTAJE
Disponer en cada plato una suprema fileteada al sesgo, dos mitades de cebolla y la salsa. Decorar con hierbas frescas.

Copa de mousse de chocolate, compota de mandarina

Ingredientes

COMPOTA
Mandarinas, 3
Agua, 100 cc
Azúcar, 50 g
Canela, 1 rama
Licor de café, 20 cc

APARATO A BOMBA
Azúcar, 55 g
Agua, 100 cc
Yemas, 3

MOUSSE
Chocolate amargo, 200 g
Manteca, 200 g
Crema de leche, 150 cc

MONTAJE
Virutas de chocolate
Cascaritas de mandarina confitadas

Preparación

COMPOTA
Pelar las mandarinas a vivo. Colocar en una cacerolita con el agua, el azúcar y la canela. Cocinar a fuego suave por 10 minutos, hasta que estén tiernas. Perfumar con el licor. Distribuir en la base de copas pomeleras.

APARATO A BOMBA
Con el azúcar y el agua hacer un almíbar a 118°C.
Batir las yemas a blanco. Volcar sobre ellas el almíbar, en forma de hilo. Continuar batiendo hasta que se enfríe.

MOUSSE
Fundir a baño de María el chocolate con la manteca. Agregar al aparato a bomba.
Batir la crema a medio punto e incorporarla con movimientos envolventes. Repartir en las copas y llevar a la heladera por 2 horas.

MONTAJE
Servir las copas decoradas con virutas de chocolate y cascaritas de mandarina confitadas.

Sopa tibia de acelga con calamaretes, aderezo de mostaza

Ingredientes

SOPA
Acelga de penca, 400 g
Cebolla, 1
Hinojo, 1
Manteca, 50 g
Caldo de verduras, 600 cc
Mandioca, 50 g
Eneldo, unas ramitas
Laurel, 1 hoja
Sal, pimienta

GUARNICIÓN
Calamaretes, 500 g
Aceite de oliva
Ajo, 2 dientes
Pimienta de Cayena

ADEREZO
Crema de leche, 200 cc
Mostaza de Dijon, 1 cucharadita
Jugo de 1 limón

MONTAJE
Eneldo fresco

Preparación

SOPA
Separar las hojas de acelga de las pencas. Picar la mitad de las pencas; cortar en juliana la cebolla y el hinojo; rehogar los tres ingredientes en una cacerola con la manteca, a fuego suave, hasta que estén tiernos. Añadir el caldo caliente, la mandioca cortada en brunoise y las aromáticas. Cocinar por 30 minutos. Incorporar las hojas de acelga cortadas en juliana y cocinar 10 minutos más. Procesar y salpimentar. Reservar al calor.

GUARNICIÓN
Limpiar los calamaretes retirando la piel y las vísceras. Saltearlos a fuego vivo en una sartén con aceite de oliva, el ajo emincé y pimienta de Cayena.

ADEREZO
Colocar en un bol la crema, la mostaza y el jugo de limón. Salpimentar y mezclar.

MONTAJE
Servir la sopa en platos hondos, con los calamaretes en el centro. Decorar con el aderezo y eneldo fresco.

Risotto con mollejas al oporto, crema de dátiles

Ingredientes

RISOTTO
Mollejas, 200 g
Caldo de verduras, 1,5 litro
Cebolla morada, 1
Aceite de oliva
Arroz de grano corto, 400 g
Oporto, 200 cc
Salvia, 4 hojas
Sal, pimienta

GUARNICIÓN
Queso mascarpone, 200 g
Dátiles, 50 g
Piñones, 20 g
Ralladura de 1 limón
Pimienta negra

Preparación

RISOTTO
Blanquear las mollejas a partir de agua fría por 5 minutos desde que rompa el hervor. Enfriar, retirar la grasa excedente y cortar en escalopes; reservar. Calentar el caldo y mantenerlo a punto de ebullición cerca de la llama.

Cortar la cebolla en brunoise. Rehogar a fuego muy suave en una cacerola con aceite de oliva. Agregar el arroz. Revolver vigorosamente para que los granos se cubran bien con el aceite y resulten sellados. Mientras tanto, saltear las mollejas en una sartén con poco aceite hasta que estén doradas. Escurrir e incorporar al risotto.

Añadir el oporto, revolver y agregar la salvia. Verter 500 cc de caldo hirviendo y revolver de nuevo. A medida que el líquido se evapore, seguir incorporando caldo y revolviendo con frecuencia hasta que el arroz esté al dente. Salpimentar.

GUARNICIÓN
En un bol mezclar el queso con los dátiles cortados en juliana, los piñones tostados y la ralladura de limón. Condimentar con abundante pimienta.

MONTAJE
Servir el risotto en platos hondos con una quenelle de crema de dátiles.

Sablée de chocolate y frambuesas

Ingredientes

MASA
Harina 0000, 150 g
Sal, 1 pizca
Cacao amargo, 50 g
Azúcar, 35 g
Manteca, 110 g
Yema, 1
Agua, 2 cucharadas

GANACHE DE FRAMBUESAS
Crema de leche, 400 cc
Glucosa, 1 cucharada
Chocolate amargo, 400 g
Mermelada de frambuesa,
  2 cucharadas

MONTAJE
Frambuesas congeladas
Menta fresca
Azúcar impalpable
Crema inglesa (pág. 74)

Preparación

MASA
Tamizar la harina, la sal y el cacao sobre un bol. Mezclar con el azúcar, añadir la manteca y trabajar con espátula hasta lograr un arenado. Unir con la yema y el agua. Envolver en film y refrigerar por 30 minutos.
Estirar la masa y fonsear tarteras individuales de 4 por 5 cm y 2,5 cm de alto. Hornear a 170°C por 10 minutos.

GANACHE
Poner en una cacerolita la crema y la glucosa. Llevar a ebullición. Verter en un bol, sobre el chocolate picado. Dejar reposar 20 minutos y revolver hasta que el chocolate se funda. Agregar la mermelada y mezclar hasta integrar.
Rellenar las bases de masa con la ganache tibia.

MONTAJE
Servir las tarteletas con frambuesas y menta. Espolvorear con azúcar impalpable. Acompañar con crema inglesa, elaborada con la técnica que se describe en la página 74, pero sustituyendo la menta por una vaina de vainilla abierta a lo largo.

Confitado tibio de ave, aderezo de radicchio y romero

Ingredientes

CONFITADO
Pechuga de pollo, 500 g
Romero, 1 ramita
Cebollas de verdeo, 4
Piel de 1 naranja
Aceite neutro, 500 cc
Sal, pimienta

GUARNICIÓN
Escarola de hoja gruesa, 300 g
Pimiento amarillo, 1
Naranjas, 2
Piñones, 30 g

ADEREZO
Radicchio, 100 g
Vinagre de vino tinto, 30 cc
Aceite de oliva, 100 cc
Romero fresco

Preparación

CONFITADO
Cortar la pechuga en tiras de 1 cm de grosor. Ubicarla en una cacerola con el romero, las cebollas de verdeo cortadas al sesgo y la piel de la naranja. Cubrir con el aceite y cocinar a fuego muy suave por 45 minutos. Salpimentar.

GUARNICIÓN
Limpiar la escarola y conservar las hojas más pálidas y tiernas. Cortar el pimiento en juliana bien fina. Pelar a vivo las naranjas. Tostar los piñones. Reservar todo.

ADEREZO
Elegir las hojas más tiernas del radicchio. Licuar con el vinagre, sal y pimienta. Emulsionar con el aceite de oliva y añadir hojas de romero.

MONTAJE
Distribuir la escarola en los platos. Acomodar encima el pimiento, los gajos de naranja y las almendras. Con ayuda de un aro, colocar en el centro una porción de pollo. Salsear las hojas y servir el resto de la salsa en un pequeño cuenco ubicado en un extremo del plato.

Paquetitos de cerdo en masa filo, batatas glaseadas, reducción de aceto

Ingredientes

PAQUETITOS
Carré de cerdo, 800 g
Echalotes, 8
Salvia, 4 hojas
Aceite de oliva
Acelga de hoja, 2 hojas
Sal, pimienta
Pimiento rojo, 1
Masa filo, 300 g
Manteca clarificada, 60 g

GUARNICIÓN
Batatas dulces, 600 g
Manteca clarificada, 100 g
Azúcar rubia, 20 g

REDUCCIÓN
Aceto balsámico, 200 cc
Vino tinto, 200 cc
Mirepoix de verduras, 100 g
Azúcar, 50 g

MONTAJE
Salvia fresca

Preparación

PAQUETITOS
Desgrasar el carré y cortar en 4 medallones. Hacer en cada medallón una incisión paralela al corte. Colocar 2 echalotes blanqueados y 1 hoja de salvia. Cerrar con palillos. Sellar a fuego vivo, de ambos lados, en una sartén con aceite de oliva. Reservar.
Cortar la acelga en juliana, saltear unos segundos en una sartén con aceite y salpimentar. Asar el pimiento, pelar, quitar las semillas y cortar en juliana gruesa. Reservar.
Cortar cuadrados de masa filo de 15 cm de lado. Superponerlos de a dos, pincelando con manteca clarificada. Disponer junto a un lado un medallón de carré; repartir encima el pimiento y la acelga. Cerrar formando paquetes rectangulares. Pintar con manteca clarificada. Hornear a 180°C por 15 minutos.

GUARNICIÓN
Glasear las batatas como se explica en la página 9.

REDUCCIÓN
Colocar en una cacerola el aceto, el vino, la mirepoix y el azúcar. Cocinar hasta que el líquido se reduzca a 1/3. Pasar por un tamiz.

MONTAJE
Servir en cada plato un paquetito y una porción de batatas glaseadas. Decorar con la salsa y hojas de salvia.

Torta húmeda de chocolate, peras asadas

Ingredientes

GUARNICIÓN
Peras, 2
Azúcar, 50 g
Vino blanco, 200 cc
Anís estrellado, 1
Granos de pimienta negra, 5 g

TORTA
Manteca, 180 g
Chocolate semiamargo, 180 g
Harina 0000, 50 g
Macadamias, 50 g
Huevos, 3
Yemas, 2
Azúcar, 40 g
Mermelada de pera, 40 g

MONTAJE
Crema chantillí neutra
Macadamias tostadas

Preparación

GUARNICIÓN
Lavar las peras, cortar en cuartos y retirar las semillas. Colocar en una asadera profunda con el azúcar, el vino, el anís y la pimienta. Hornear a 150°C durante 30 minutos, hasta que las peras estén tiernas.

TORTA
Fundir la manteca y el chocolate a baño de María. Tamizar la harina y combinarla con las macadamias picadas groseramente. Reservar por separado.
En un bol batir a blanco los huevos y las yemas con el azúcar. Incorporar la preparación de chocolate. Agregar la mermelada y, por último, la mezcla de harina.
Colocar en moldes individuales enmantecados. Hornear a 180°C de 4 a 5 minutos. Retirar y desmoldar.

MONTAJE
Servir la torta caliente acompañada con 2 trozos de pera. Decorar con el jugo de cocción de las peras, crema chantillí neutra y macadamias tostadas.

Crema de alcauciles, boquerones a la vasca

Ingredientes

CREMA
Alcauciles, 4
Jugo de 1 limón
Ajo, 3 dientes
Blanco de 2 puerros
Aceite de oliva
Papas, 200 g
Sal, pimienta

GUARNICIÓN
Boquerones, 6
Ajo, 1/2 cabeza
Guindilla, 1
Pimentón

CHIPS DE ALCAUCIL
Alcaucil, 1
Almidón de maíz
Aceite para freír

Preparación

CREMA
Limpiar los alcauciles y reservarlos en agua con limón. Picar el ajo y los puerros.
Calentar aceite de oliva en una sartén. Saltear el ajo. Cuando empiece a dorarse, agregar los puerros. Cocinar a fuego mínimo. Adicionar los alcauciles trozados y saltear. Incorporar las papas y cubrir con agua. Cocinar hasta que todos los ingredientes estén tiernos. Procesar, salpimentar y reservar al calor.

GUARNICIÓN
Limpiar los boquerones de espinas y vísceras. Reservar.
En una sartén con bastante aceite de oliva saltear el ajo picado y la guindilla cortada por el medio hasta que comiencen a dorarse. Retirar del fuego y espolvorear con el pimentón. Añadir los boquerones y remover para que se cubran con el aceite.

CHIPS
Descartar las hojas externas y duras del alcaucil. Separar las restantes. Pasar por almidón de maíz y freír brevemente a fuego fuerte.

MONTAJE
Servir la crema caliente en platos hondos. Disponer encima los boquerones. Decorar con los chips de alcaucil.

Ojo de bife en corteza de batata y hierbas, flan de calabaza y maíz

Ingredientes

CARNE
Ojo de bife, 1 kilo
Aceite de oliva
Sal, pimienta
Clara, 1
Harina, 1 pizca
Batatas, 200 g
Finas hierbas

GUARNICIÓN
Calabaza, 300 g
Choclo fresco, 1
Yemas, 2
Huevos, 2
Crema de leche, 200 cc

SALSA
Granos de pimienta verde, 20 g
Vino syrah, 500 cc
Bouquet garni
Fondo oscuro de carne, 500 cc
Miel, 1 cucharadita
Manteca fría, 20 g

MONTAJE
Chips de batata (pág. 9)

Preparación

CARNE
Cortar la carne en 4 medallones. Sellar de ambos lados en una sartén con aceite de oliva; salpimentar. Ligar la clara con la harina, pasar por ella un lado de cada medallón y ubicar en una placa, con ese lado hacia arriba. Rallar gruesas las batatas, sazonar con las hierbas y repartir sobre la carne, en una capa delgada. Hornear 10 minutos a 220°C.

GUARNICIÓN
Envolver la calabaza en papel de aluminio, cocinar en horno muy suave y procesar. Cocinar el choclo en agua hirviendo por 5 minutos, desgranar y procesar. Hacer un ligue con las yemas, los huevos y la crema. Unir los vegetales procesados con el ligue. Salpimentar. Colocar en moldes individuales enmantecados. Hornear a 150°C, a baño de María, por 30 minutos.

SALSA
Calentar la pimienta en la sartén donde se selló la carne. Desglasar con el vino, incorporar el bouquet y reducir a la mitad. Verter el fondo y la miel, cocinar 10 minutos y filtrar. A último momento, montar con la manteca fría.

MONTAJE
Servir en los platos la carne y el flan. Salsear y decorar con hierbas y chips de batata.

Galette quemada de pomelo y cardamomo

Ingredientes

MASA
Harina 0000, 300 g
Azúcar, 60 g
Manteca, 150 g
Huevo, 1
Esencia de vainilla

RELLENO
Jugo de pomelo, 1 litro
Semillas de cardamomo, 2 g
Almidón de maíz, 15 g
Yemas, 3
Azúcar, 50 g
Leche condensada, 150 cc
Manteca, 100 g

SALSA DE CHOCOLATE ESPECIADA
Crema de leche, 200 cc
Piel de 1 limón
Granos de pimienta de Jamaica, 4 g
Canela, 1 rama
Pimienta negra, 3 g
Azúcar impalpable, 20 g
Chocolate amargo, 180 g
Manteca, 20 g

MONTAJE
Pomelos, azúcar impalpable

Preparación

MASA
Procesar la harina con el azúcar y la manteca hasta obtener un arenado. Incorporar el huevo y la esencia. Procesar hasta formar una masa. Refrigerar 30 minutos. Estirar de 2 mm de espesor y cortar discos de 6 cm de diámetro. Hornear a 150°C hasta dorar.

RELLENO
Poner en una cacerola el jugo de pomelo y el cardamomo. Llevar al fuego y reducir a la mitad. Espumar y filtrar. Mezclar en un bol el almidón, las yemas, el azúcar y la leche condensada. Verter el jugo, llevar a fuego suave y revolver hasta que hierva. Fuera del fuego agregar la manteca fría. Refrigerar 1 hora.

SALSA
Hervir la crema con la piel del limón, las especias y el azúcar. Filtrar y verter en un bol, sobre el chocolate picado. Mezclar para homogeneizar. Cuando baje la temperatura, agregar la manteca blanda. Reservar a temperatura ambiente.

MONTAJE
Disponer en cada plato un disco de masa y una quenelle de relleno. Repetir y cubrir con otro disco. Colocar encima gajos de pomelo pelados a vivo, espolvorear con azúcar impalpable y quemar con un soplete. Acompañar con la salsa.

Crema de boletos, habas a la menta

Ingredientes

CREMA
Hongos boletos secos, 20 g
Hongos boletos frescos, 300 g
Cebolla, 1
Ajo, 1 diente
Blanco de 2 puerros
Blanco de 1 apio
Manteca, 30 g
Fondo de ave, 1 litro
Crema de leche, 200 cc
Sal, pimienta

GUARNICIÓN
Habas congeladas, 150 g
Blanco de 1 apio
Blanco de 1 puerro
Manteca, 50 g
Hongos boletos frescos, 150 g
Menta fresca

MONTAJE
Escarola de hoja fina

Preparación

CREMA
Hidratar los hongos secos y trozar los frescos. Reservar.
Cortar en mirepoix la cebolla, el ajo, los puerros y el apio. Rehogar en una cacerola con la manteca.
Incorporar los hongos frescos y cocinar 10 minutos. Verter el fondo de ave y agregar los hongos secos. Cocinar 30 minutos.
Añadir la crema, salpimentar y licuar. Reservar al calor.

GUARNICIÓN
Descongelar las habas. Pelar y reservar.
Cortar en juliana fina el apio y el puerro. Rehogar en una sartén con la manteca.
Filetear los hongos, añadirlos y saltear a fuego vivo hasta que se doren.
Incorporar las habas y la menta. Cocinar de 2 a 3 minutos. Salpimentar.

MONTAJE
Servir la crema en platos hondos, colocar en el centro la guarnición y decorar con un bouquet de escarola fina.

Paleta de cordero rellena, verduras de estación asadas

Ingredientes

PALETA
Echalotes, 6
Ajo, 4 dientes
Manteca, 50 g
Hígados de cordero, 300 g
Riñones de cordero, 100 g
Vino blanco, 100 cc
Sal, pimienta, curry
Paleta de cordero, 1 de 1 kilo
Aceite de oliva

GUARNICIÓN
Tomates, 2
Cebollas, 2
Pakchoi, 2 plantas
Coliflor, 1
Hierbas frescas
Vino blanco, 100 cc

SALSA
Ajo, 1 cabeza
Leche, 1 litro
Fondo de carne, 500 cc
Roux, 10 g
Crema de leche, 50 cc
Romero fresco

Preparación

PALETA
Para hacer el relleno, picar los echalotes y el ajo. Saltear en una sartén con la manteca. Agregar los hígados y riñones trozados y saltear ligeramente. Verter el vino y dejar que se evapore el alcohol. Procesar y condimentar con sal, pimienta y curry. Reservar. Deshuesar la paleta de cordero (pág. 15). Salpimentar, rellenar, enrollar y bridar. Colocar en una placa, rociar con aceite de oliva y hornear a 180°C por 40 minutos.

GUARNICIÓN
Cortar los tomates en cuartos, las cebollas en sextos y el pakchoi por el medio a lo largo; separar las flores de la coliflor. Colocar todo en una asadera con las hierbas. Salpimentar, rociar con aceite de oliva y verter el vino. Hornear 30 minutos a 180°C.

SALSA
Pelar el ajo y cocinar en una cacerolita con la leche hasta que esté tierno. Escurrir, pisar con un tenedor y colocar en otra cacerolita con el fondo de carne. Añadir el roux y disolverlo. Cocinar 5 minutos a fuego bajo. Suavizar con la crema. Condimentar con romero, sal y pimienta.

MONTAJE
Cortar la paleta en 4 porciones y disponerlas en los platos. Salsear y acompañar con las verduras asadas.

Tortino de chocolate amargo, bananas caramelizadas

Ingredientes

BASE
Huevos, 3
Yemas, 2
Azúcar, 150 g
Chocolate amargo, 150 g
Manteca, 150 g
Harina 0000, 75 g

CREMA DE COCO
Almidón de maíz, 15 g
Leche, 500 cc
Azúcar, 60 g
Coco rallado, 100 g

ARMADO
Ron para embeber
Bananas, 3
Nueces pacanas, 100 g
Azúcar impalpable, 100 g

MONTAJE
Helado de chocolate
Tulipas de masa cigarette

Preparación

BASE
Batir a blanco los huevos y las yemas con el azúcar. Derretir el chocolate con la manteca a baño de María e incorporarlo. Añadir la harina en forma envolvente.
Verter la preparación en moldes de 4 por 7 cm, enmantecados y enharinados. Hornear a 180°C por 10 minutos.

CREMA
En un bol unir el almidón con la leche fría y el azúcar. Pasar a una cacerolita, llevar al fuego y cocinar hasta que espese, mezclando siempre. Retirar del fuego y agregar el coco.

ARMADO
Embeber con ron las bases de chocolate. Repartir sobre ellas la crema de coco.
Cortar las bananas en láminas y distribuirlas sobre los tortinos. Disponer encima las nueces picadas groseramente. Espolvorear con el azúcar impalpable. Quemar con un soplete.

MONTAJE
Servir cada tortino con una quenelle de helado de chocolate sobre una tulipa de masa cigarette.

Carpaccio de ternera con rúcula y parmesano

Ingredientes

CARPACCIO
Lomo de ternera, 300 g

ADEREZO
Jugo de 1 limón
Vinagre de frambuesa, 20 cc
Pimienta negra ecrassé, 10 g
Sal ahumada
Aceite de oliva, 100 cc

MONTAJE
Rúcula rizada, 250 g
Queso parmesano, 200 g
Alcaparras, 25 g

Preparación

CARPACCIO
Limpiar bien el lomo de grasa y nervios. Envolver en film, haciendo presión para lograr un grosor parejo. Guardar en el freezer durante 1 hora.
Retirar el film. Con un cuchillo muy afilado, cortar la carne en filetes lo más finos que sea posible.
Acomodar los filetes de lomo en los platos, cubriendo toda la superficie. Reservar en la heladera hasta el momento de servir.

ADEREZO
Batir el jugo de limón y el vinagre de frambuesa con los condimentos. Emulsionar con el aceite de oliva.

MONTAJE
Lavar las hojas de rúcula, armar bouquets y disponer uno en el centro de cada plato, sobre la carne.
Con un pelapapas, obtener virutas de parmesano. Colocarlas sobre la rúcula. Esparcir las alcaparras.
Rociar el carpaccio y la ensalada con el aderezo. No debe faltar la pimienta sobre los filetes.

Agnolotti de col rizada y salmón ahumado

Ingredientes

MASA
Harina 0000, 300 g
Sal, 5 g
Huevos, 2
Vino blanco, 70 cc

RELLENO
Col rizada, 1
Manteca, 50 g
Orégano fresco
Queso parmesano, 150 g
Salmón ahumado, 100 g
Sal, pimienta

SALSA
Cebolla, 1
Blanco de 2 puerros
Manteca, 30 g
Vino blanco seco, 200 cc
Fondo de carne, 300 cc
Crema de leche, 200 cc
Perejil crespo

MONTAJE
Queso parmesano

Preparación

MASA
Colocar la harina y la sal en forma de corona sobre la mesada. Poner en el centro los huevos y el vino. Unir y amasar 10 minutos. Tapar con film y dejar reposar 30 minutos.

RELLENO
Cortar la col en chiffonnade. Rehogar a fuego muy suave en una sartén con la manteca hasta que esté transparente y tierna. Fuera del fuego agregar hojas de orégano fresco, el queso rallado y el salmón picado bien fino. Salpimentar.

ARMADO
Estirar la masa fina. Cortar discos de 8 cm de diámetro. Disponer el relleno en el centro. Pintar los bordes con agua, cerrar como empanadas y unir los extremos. Colocar sobre una placa espolvoreada con sémola. Reservar en la heladera. A último momento, hervir en abundante agua con sal de 4 a 6 minutos.

SALSA
Cortar en brunoise la cebolla y los puerros. Rehogar en una sartén con la manteca. Mojar con el vino y reducir hasta que se evapore el alcohol. Verter el fondo de carne y reducir otro poco. Agregar la crema y reducir a la mitad. Salpimentar y espolvorear con perejil crespo picado.

MONTAJE
Servir la pasta en platos hondos, sobre queso parmesano rallado, y bañar con la salsa. Decorar con ramitas de perejil crespo.

Tarta delicada de pistachos y chocolate blanco

Ingredientes

MASA
Manteca, 140 g
Harina 0000, 200 g
Pistachos, 50 g
Azúcar, 100 g
Huevo, 1
Yema, 1

RELLENO
Chocolate blanco, 300 g
Crema de leche, 150 cc
Crema pastelera (pág. 77), 200 g
Pasta de pistacho, 50 g

MONTAJE
Brochetas de frutas

Preparación

MASA
Procesar la manteca con la harina, los pistachos y el azúcar hasta formar un arenado.
Incorporar el huevo y la yema. Unir bien para lograr una textura lisa.
Envolver en film y llevar a la heladera por lo menos 12 horas.
Estirar la masa hasta dejarla de 3 mm de grosor. Fonsear moldes individuales ovalados. Hornear a 160ºC por 20 minutos.

RELLENO
Picar el chocolate. Fundir a baño de María junto con la crema de leche. Añadir a la crema pastelera y mezclar. Incorporar la pasta de pistacho e integrar.
Repartir el relleno sobre las bases de masa. Enfriar en la heladera durante 2 horas.

MONTAJE
Servir las tartas en los platos. Acompañar con brochetas tibias de frutas de estación.

Ragú de lentejas, ancas de rana salteadas

Ingredientes

RAGÚ
Lentejas secas, 150 g
Panceta ahumada, 150 g
Manteca, 20 g
Cebolla, 1
Zanahorias, 2
Puré de tomate, 200 cc
Fondo de ave, 200 cc
Comino en polvo, 1 pizca
Crema de leche, 100 cc
Sal, pimienta

GUARNICIÓN
Echalotes, 4
Manteca para rehogar
Ancas de rana, 8
Vino blanco, 150 cc

ACEITE DE PEREJIL
Hojas de perejil, 20 g
Aceite de oliva, 100 cc

Preparación

RAGÚ
Remojar las lentejas en agua fría durante 8 horas.
Cortar la panceta en lardons. Saltear en una cacerola limpia.
Incorporar la manteca. Cortar en brunoise la cebolla y las zanahorias; agregarlas. Rehogar hasta que todo esté tierno.
Añadir el puré de tomate y las lentejas escurridas. Agregar el fondo de ave y el comino. Cocinar a fuego suave hasta que las lentejas estén tiernas.
Terminar con la crema de leche y sazonar con sal y pimienta.

GUARNICIÓN
Ciselar los echalotes. Rehogar en una sartén mediana con manteca. Salpimentar las ancas de rana, incorporarlas y dorarlas ligeramente. Verter el vino. Llevar a ebullición y cocinar 10 minutos.

ACEITE DE PEREJIL
Lavar las hojas de perejil y licuar con el aceite de oliva. Pasar por un tamiz.

MONTAJE
Servir en el centro de cada plato un poco de ragú. Disponer dos ancas de rana por plato. Decorar con aceite de perejil.

Lomo marinado, quibebe de maíz y verdeo

Ingredientes

QUIBEBE
Cebollas de verdeo, 2
Manteca, 35 g
Zapallo, 150 g
Harina de maíz, 100 g
Sal, pimienta
Queso fresco, 50 g

LOMO
Lomo vacuno, 1,2 kilo
Aceite de oliva, 200 cc
Pimienta de Cayena
Aceto balsámico, 100 cc

SALSA
Granos de choclo cocidos, 100 g
Alcaparras, 12
Aceitunas negras, 20 g
Tomates cherry, 12
Ciboulette picada
Aceite de oliva, 150 cc

MONTAJE
Escarola fina

Preparación

QUIBEBE
Picar las cebollas de verdeo. Rehogar en una cacerola con la mitad de la manteca. Cortar el zapallo en macedonia, incorporarlo y cubrir con agua a altura. Cocinar hasta que se deshaga. Pisar y volver al fuego. Echar la harina de maíz en forma de lluvia. Cocinar 5 minutos a fuego suave; si fuera necesario, añadir agua. Salpimentar. Agregar la manteca restante y el queso. Remover hasta lograr una pasta integrada. Extender sobre un mármol, formando una capa de 2 cm de grosor. Dejar enfriar. Cortar medallones de 5 cm de diámetro. Ubicar en una placa. A último momento, calentar en horno moderado.

LOMO
Limpiar el lomo y cortar en 4 medallones. Disponer en un recipiente con el aceite de oliva, la pimienta de Cayena y el aceto. Tapar con film y marinar 2 horas en la heladera.
Escurrir los medallones y grillar de ambos lados en una plancha o un grill hasta alcanzar el punto deseado.

SALSA
En un bol mezclar el choclo, las alcaparras, las aceitunas fileteadas y los tomates cortados en cuartos. Salpimentar. Agregar la ciboulette y el aceite de oliva.

MONTAJE
Servir en cada plato un medallón de lomo y otro de quibebe. Repartir la salsa sobre la carne y completar con un bouquet de escarola fina.

París-Brest de avellanas

Ingredientes

MASA BOMBA
Agua, 250 cc
Manteca, 100 g
Azúcar,1 cucharadita
Sal, 1 pizca
Harina, 150 g
Huevos, 4

RELLENO
Manteca, 125
Pasta de avellanas, 250 g
Crema de leche, 150 cc
Ron, 40 cc

SALSA
Azúcar, 80 g
Manteca, 20 g
Crema de leche, 100 cc
Chocolate semiamargo, 115 g
Chocolate con leche, 80 g

MONTAJE
Azúcar impalpable
Castañas en almíbar

Preparación

MASA BOMBA
Colocar el agua, la manteca, el azúcar y la sal en una cacerola sobre el fuego. Cuando rompa el hervor, incorporar la harina de golpe y batir enérgicamente hasta que la masa se despegue de los bordes de la cacerola. Volcar sobre un mármol y trabajar con una cuchara de madera para enfriar. Pasar a un bol. Incorporar los huevos de a uno y batir enérgicamente cada vez, para unir. La masa está lista cuando se traza un surco en el medio y los lados no se juntan.
Disponer en una manga con pico liso. Sobre una placa cubierta con papel siliconado, formar aros de 10 cm de diámetro. Hornear a 180°C durante 30 minutos.

RELLENO
En un bol trabajar la manteca hasta alcanzar punto pomada. Agregar la pasta de avellanas y mezclar. Incorporar la crema batida a medio punto y el ron. Colocar en una manga y refrigerar 2 horas.
Cortar por el medio los aros de masa bomba, rellenar y volver a armar.

SALSA
Hacer un caramelo rubio con el azúcar. Añadir la manteca y la crema a temperatura ambiente, integrar y retirar del fuego. Volcar en un bol, sobre el chocolate picado. Mezclar hasta homogeneizar.

MONTAJE
Formar un espejo de salsa en cada plato. Ubicar un aro de masa bomba relleno. Decorar con azúcar impalpable y castañas en almíbar.

Cuerdas de guitarra de berro, salsa de porcini secos y oporto

Ingredientes

PASTA
Hojas de berro, 100 g
Aceite de oliva, 20 cc
Harina 0000, 400 g
Sal, 5 g
Huevos, 3

SALSA
Hongos porcini secos, 60 g
Echalotes, 4
Manteca, 30 g
Estragón fresco
Oporto, 200 cc
Crema de leche, 200 cc
Sal, pimienta

MONTAJE
Hojas de berro
Almidón de maíz
Aceite para freír

Preparación

PASTA
Licuar las hojas de berro con el aceite de oliva. Reservar.
Colocar la harina y la sal en forma de corona sobre la mesada. Poner en el centro los huevos y el licuado. Unir y amasar aproximadamente 10 minutos. Tapar con film y dejar reposar durante 30 minutos.
Estirar la masa hasta que resulte bien fina. Cortar fideos muy delgados. Dejar orear.
A último momento, hervir durante 5 minutos en una olla grande con abundante agua salada.

SALSA
Remojar los hongos porcini en agua tibia durante 1 hora. Escurrir y picar groseramente. Reservar.
Ciselar los echalotes. Rehogar en una sartén con la manteca. Agregar los hongos y saltear por unos minutos.
Incorporar el estragón y el oporto. Cocinar durante 10 minutos.
Añadir la crema y reducir a fuego suave por 10 minutos más. Salpimentar.

MONTAJE
Servir en cada plato una porción de pasta con salsa. Pasar las hojas de berro por almidón de maíz, freír en aceite y decorar los platos.

Crocantes de besugo marinado, guarnición de pimientos y olivas

Ingredientes

MASA
Harina 0000, 220 g
Sal, 4 g
Manteca, 50 g
Aceite de oliva, 50 cc
Agua, 10 cc
Albahaca, 4 hojas

GUARNICIÓN
Cebollas, 2
Aceite de oliva
Ajo, 3 dientes
Tomillo fresco
Pimientos, 1 verde y 1 rojo
Aceitunas, 8 verdes y 12 negras

BESUGO
Filetes de besugo, 4
Jugo de 1 limón
Aceite de oliva, 50 cc
Pimienta verde, 5 g
Chile picante
Albahaca, 4 hojas

MONTAJE
Papas hervidas
Aceite de perejil (pág. 47)

Preparación

MASA
Tamizar la harina con la sal. Formar una corona sobre la mesada. Poner en el centro la manteca y el aceite de oliva. Mezclar hasta obtener un arenado. Añadir el agua y la albahaca ciselada. Unir y amasar unos minutos. Dejar reposar 1 hora en la heladera. Estirar la masa bien fina. Cortar 8 discos de 8 cm de diámetro. Apoyar sobre una placa enmantecada y enharinada. Hornear a 180°C por 10 minutos o hasta que estén crocantes.

GUARNICIÓN
Cortar las cebollas en aros muy finos. Rehogar a fuego bajo en una sartén con aceite de oliva. Agregar el ajo picado, el tomillo y algo de sal. Añadir los pimientos cortados en juliana y las aceitunas descarozadas. Cocinar de 3 a 5 minutos. Reservar al calor.

BESUGO
Dividir cada filete en dos trozos. Colocar en un recipiente con el jugo de limón, el aceite de oliva, la pimienta molida, el chile y la albahaca ciselada. Refrigerar 15 minutos.
Repartir la guarnición sobre los discos de masa y coronar cada uno con un trozo de besugo. Salar. Hornear a 180°C por 10 minutos.

MONTAJE
Disponer en cada plato dos crocantes superpuestos. Acompañar con papas hervidas y aceite de perejil.

Torta húmeda de frutos secos, compota de ciruelas pasa

Ingredientes

TORTA
Avellanas, 50 g
Almendras, 40 g
Macadamias, 30 g
Chocolate amargo, 100 g
Harina, 160 g
Cacao, 50 g
Polvo para hornear, 1 cucharadita
Manteca, 180 g
Pasta de almendras, 100 g
Huevos, 4
Azúcar, 170 g
Leche, 150 cc

COMPOTA
Ciruelas pasa, 200 g
Té tibio, 200 cc
Vino tinto, 300 cc
Azúcar, 70 g
Jugo de 1 limón

Preparación

TORTA
Pelar las avellanas, las almendras y las macadamias como se explica en la página 21. Tostar en el horno y picar groseramente. Picar el chocolate.
Tamizar la harina con el cacao y el polvo para hornear. Reservar.
En un bol batir la manteca con la pasta de almendras. Incorporar los huevos de a uno. Agregar en forma alternada los ingredientes secos y la leche, mientras se sigue batiendo a velocidad mínima. Añadir los frutos secos y el chocolate picado.
Volcar la preparación en un molde cuadrado de 20 cm de lado. Hornear a 180°C por 50 minutos.

COMPOTA
Hidratar las ciruelas en el té.
Colocar en una cacerolita el vino, el azúcar y el jugo de limón. Incorporar las ciruelas y cocinar a fuego muy suave durante 30 minutos.

MONTAJE
Cortar la torta en porciones rectangulares. Servir con la compota de ciruelas.

Langostinos salteados con rúcula, vinagreta de naranja, crema de nueces

Ingredientes

VINAGRETA
Aceite neutro, 60 cc
Ralladura de 1/2 limón
Ralladura de 1/2 naranja
Vinagre de vino blanco, 20 cc
Sal, pimienta

CREMA
Nueces, 40 g
Queso crema, 80 g
Aceto balsámico, 20 cc

LANGOSTINOS
Langostinos limpios, 200 g
Aceite de oliva
Rúcula, 200 g

MONTAJE
Hojas de pakchoi

Preparación

VINAGRETA
Calentar el aceite neutro en una cacerolita. Retirar del fuego. Agregar las ralladuras de los cítricos y el vinagre. Condimentar con sal y pimienta. Dejar reposar durante 1 hora.

CREMA
Picar groseramente las nueces. Mezclar con el queso y el aceto. Salpimentar. Reservar en la heladera hasta el momento de servir.

LANGOSTINOS
Saltear los langostinos en una sartén con aceite de oliva, a fuego vivo, durante 2 minutos.
Incorporar la rúcula, salpimentar y retirar del fuego enseguida.

MONTAJE
Acomodar sobre cada plato algunas hojas de pakchoi. Con ayuda de un aro, disponer en el centro el salteado de langostinos y rúcula. Colocar al lado una quenelle de la crema y rociar las hojas con la vinagreta.

Ragú de bondiola, ratatouille de hongos

Ingredientes

RAGÚ
Bondiola de cerdo, 800 g
Sal, pimienta
Harina para empolvar
Manteca, 50 g
Repollo berza, 1
Salvia, unas hojas
Vino madeira, 200 cc
Cerveza negra, 500 cc

GUARNICIÓN
Hongos frescos, 200 g
Manteca, 30 g
Cebollas de verdeo, 2
Ajo, 2 dientes
Ciboulette picada

MONTAJE
Pan de campo, 4 rebanadas
Tomates perita, 3

Preparación

RAGÚ
Cortar la bondiola en trozos regulares para estofar, siguiendo las instrucciones de la página 13. Salpimentar y pasar por harina. Sellar a fuego fuerte en una sartén profunda con la manteca. Pasar la carne a un recipiente auxiliar.
Incorporar a la sartén el repollo cortado en juliana. Rehogar con la manteca que haya quedado. Volver a colocar la carne.
Perfumar con la salvia. Desglasar con el vino y reducir. Verter la cerveza. Cocinar a fuego suave durante 45 minutos. Salpimentar.

GUARNICIÓN
Cortar los hongos en macedonia. Saltear a fuego suave en una sartén con manteca. Incorporar las cebollas de verdeo cortadas en juliana y el ajo picado. Cocinar de 2 a 4 minutos. Condimentar con ciboulette, sal y pimienta.

MONTAJE
Grillar las rebanadas de pan y frotar con los tomates partidos. Colocar una en cada plato. Distribuir encima el ragú. Acompañar con los hongos. Decorar con salvia.

Soufflé clásico de chocolate, salsa de café

Ingredientes

SOUFFLÉ
Crema de leche, 140 cc
Ralladura de 1 naranja
Chocolate semiamargo, 200 g
Yemas, 3
Claras, 3
Azúcar, 200 g

SALSA
Agua, 100 cc
Azúcar, 75 g
Cacao amargo, 20 g
Café instantáneo, 1 cucharada
Licor de café, 30 cc

MONTAJE
Canela en polvo
Helado de vainilla

Preparación

SOUFFLÉ
En una cacerolita hervir la crema con la ralladura de naranja. Fuera del fuego agregar el chocolate picado y las yemas de a una, mientras se bate hasta lograr una textura homogénea.
Batir las claras con el azúcar hasta obtener un merengue. Incorporar en forma envolvente a la preparación anterior.
Enmantecar moldes individuales para soufflé. Llenarlos hasta las 3/4 partes con la mezcla.
Hornear a 200°C de 10 a 15 minutos. Debe quedar líquido en el interior.

SALSA
Hervir en una cacerolita el agua y el azúcar. Retirar del fuego. Incorporar el cacao, el café y el licor. Mezclar hasta homogeneizar.

MONTAJE
Retirar los soufflés del horno. De inmediato espolvorear con canela, realizar en la superficie un corte en cruz y colocar allí una quenelle de helado de vainilla. Salsear y servir en el momento.

Pappardelle de azafrán, salteado de repollitos y anchoas

Ingredientes

PASTA
Azafrán en hebras, 5 g
Agua, 100 cc
Harina 0000, 300 g
Sémola extrafina, 100 g
Sal, 5 g
Huevos, 3

SALSA
Repollitos de Bruselas, 200 g
Aceite de oliva
Ajo, 4 dientes
Anchoas en aceite, 4
Tomates cherry, 12
Aceitunas negras, 8
Sal, pimienta

MONTAJE
Queso parmesano

Preparación

PASTA
Colocar las hebras de azafrán en una sartén. Calentar sin que tomen color. Añadir el agua y reducir a la mitad. Filtrar y reservar.
Colocar la harina, la sémola y la sal en forma de corona sobre la mesada. Poner en el centro los huevos y la reducción de azafrán. Unir y amasar 10 minutos. Tapar con film y dejar reposar 30 minutos. Estirar la masa hasta que resulte fina. Cortar cintas de 2 cm de ancho. Dejar orear.
A último momento, hervir en abundante agua con sal durante 5 minutos.

SALSA
Limpiar los repollitos y cortar en cuartos. Saltear en una sartén con aceite de oliva y el ajo emincé hasta que estén crocantes y dorados. Incorporar las anchoas y los tomates. Cocinar de 3 a 5 minutos. Añadir las aceitunas fileteadas. Salpimentar.

MONTAJE
Servir la salsa como base en platos playos. Disponer la pasta en el centro, con ayuda de un aro. Decorar con virutas de parmesano.

Caldereta de pejerrey y calamar

Ingredientes

MAJADA
Almendras, 80 g
Miga de pan tostada, 50 g
Ajo, 2 dientes
Perejil 50 g
Aceite de oliva, 20 cc

CALDERETA
Tubos de calamar, 2
Ajo, 2 dientes
Cebollas, 2
Zanahorias, 2
Vino blanco seco, 100 cc
Tomates, 2
Fumet de pescado, 500 cc
Filetes de pejerrey, 400 g
Sal, pimienta
Licor de anís, unas gotas
Masa de hojaldre, 300 g
Huevo para pintar

Preparación

MAJADA
Pelar las almendras como se explica en la página 21; tostar en el horno. Procesar junto con la miga de pan, el ajo, el perejil y el aceite de oliva. Formar una pasta compacta. Incorporar caldo si fuera necesario.

CALDERETA
Cortar los tubos de calamar en cuadrados de 2 cm de lado. Picar el ajo. Cortar en mirepoix las cebollas y las zanahorias. Rehogar todo junto en una paellera con aceite de oliva hasta que el calamar esté tierno. Verter el vino y reducir por 5 minutos. Agregar los tomates concassé y el fumet. Cocinar durante 10 minutos.
Cortar los filetes de pejerrey en trozos de 50 g, salpimentarlos e incorporarlos. Cocinar por 5 minutos.
Repartir el pescado y el calamar en cazuelas individuales. Añadir al caldo 2 cucharadas de majada. Rectificar la sazón. Verter unas gotas de anís y servir en las cazuelas. Dejar enfriar.
Estirar la masa de hojaldre y cortar 4 discos de diámetro apenas mayor que el de las cazuelas. Pintar con huevo la masa y los bordes de los recipientes. Tapar las cazuelas con los discos. Hornear a 200°C por 15 minutos.

MONTAJE
Servir las cazuelas sobre platos playos cubiertos con servilletas.

Mousse de bananas, salsa de naranjas amargas

Ingredientes

MOUSSE
Azúcar, 120 g
Agua, 100 cc
Claras, 2
Crema de leche, 200 cc
Bananas, 2
Jugo de 1 limón
Gelatina sin sabor, 3 g
Licor de café
Nuez moscada

SALSA
Agua, 50 cc
Azúcar, 150 g
Naranjas amargas, 500 g
Jugo de 1 limón
Jugo de 1 naranja
Cardamomo en polvo,
  1/2 cucharadita
Jengibre en polvo, 1/2 cucharadita
Pimienta negra molida,
  1/2 cucharadita

MONTAJE
Menta fresca

Preparación

MOUSSE
Con el azúcar y el agua hacer un almíbar a 118°C. Verter en forma de hilo sobre las claras batidas a nieve y seguir batiendo hasta que el merengue se enfríe. Batir la crema a medio punto. Trozar las bananas y procesar con el jugo de limón. Reservar todo.
Hidratar la gelatina con 40 cc de agua y disolver a baño de María. Perfumar con el licor. Unir con el puré de bananas. Incorporar en forma envolvente el merengue y la crema. Condimentar con nuez moscada.
Distribuir en copas y refrigerar por 4 horas.

SALSA
En una cacerolita hervir el agua con el azúcar para obtener un almíbar.
Descartar los extremos de las naranjas y cortar en rodajas. Colocar en un bol con el almíbar y dejar reposar por 12 horas.
Escurrir las naranjas y procesar con el jugo de limón, el jugo de naranja y las especias. Pasar por un tamiz.

MONTAJE
Servir las copas con la salsa. Decorar con hojas de menta.

Soufflé de quesos, compota de tomates y mejorana

Ingredientes

MASA
Harina 0000, 150 g
Polvo para hornear, 1 cucharadita
Sal, 1 pizca
Azúcar, 20 g
Manteca, 50 g
Ricota, 50 g
Huevo, 1

SOUFFLÉ
Manteca, 50 g
Harina, 50 g
Crema de leche, 250 cc
Yemas, 2
Mostaza, 1 cucharadita
Queso parmesano, 50 g
Bocconcini, 50 g
Sal, pimienta
Claras, 3

GUARNICIÓN
Tomates, 2
Echalotes, 2
Aceite de oliva
Mejorana fresca
Aceto balsámico, 50 cc
Azúcar, 10 g

Preparación

MASA
Tamizar la harina con el polvo para hornear, la sal y el azúcar. Procesar con la manteca hasta lograr un arenado. Incorporar la ricota y unir con el huevo. Refrigerar 1 hora. Estirar y fonsear la base de aros de 8 cm de diámetro. Hornear 10 minutos a 180°C.

SOUFFLÉ
Hacer una bechamel con la manteca, la harina y la crema. Dejar enfriar. Agregar las yemas, la mostaza, el parmesano rallado y los bocconcini trozados. Salpimentar. Batir las claras a nieve y agregarlas con movimientos envolventes. Distribuir en los aros, sobre la masa, sin llegar a los bordes. Hornear 35 minutos más.

GUARNICIÓN
Pelar los tomates, cortar en cuartos y quitar las semillas. Picar los echalotes. Saltear ambos en una sartén con aceite de oliva. Incorporar la mejorana picada, el aceto y el azúcar. Cocinar a fuego muy suave hasta que los tomates estén tiernos.

MONTAJE
Retirar los soufflés del horno y servir de inmediato, con la compota de tomates en salsera aparte.

Gratín de ave, caponata mediterránea

Ingredientes

CAPONATA
Cebolla, 1
Aceite de oliva
Blanco de 1 apio con sus hojas
Berenjena, 1
Tomates, 2
Azúcar, 20 g
Vinagre de vino tinto, 30 cc
Aceitunas verdes, 8
Alcaparras, 10 g
Pasas de uva rubias, 30 g
Sal, pimienta

SALSA HOLANDESA CON PISTACHOS
Echalotes, 40 g
Vinagre, 45 cc
Yemas, 3
Agua, 20 cc
Manteca, 300 g
Jugo de limón
Pimienta de Cayena
Pistachos, 60 g

GRATÍN
Supremas de pollo, 4
Aceite de oliva

Preparación

CAPONATA
Cortar la cebolla en rodajas. Rehogar en una sartén amplia con aceite de oliva. Cortar el apio en ruedas, picar sus hojas y añadir a la sartén. Agregar la berenjena cortada en rodajas y luego en cuartos. Unos minutos más tarde, incorporar los tomates concassé. Cocinar unos 15 minutos a fuego suave. Añadir el azúcar, el vinagre, las aceitunas, las alcaparras y las pasas. Salpimentar y rectificar el vinagre.

SALSA
Poner en una cacerolita los echalotes picados y el vinagre. Llevar al fuego y reducir a la mitad. Filtrar. Colocar en un bol las yemas, el agua y la reducción de vinagre. Llevar a baño de María y emulsionar gradualmente con la manteca. Condimentar con sal, pimienta, jugo de limón y pimienta de Cayena. Incorporar los pistachos picados.

GRATÍN
Retirar la piel de las supremas. Salpimentar. Disponer en una placa con un hilo de aceite de oliva. Cubrir con la salsa y hornear a 200°C durante 10 minutos.

MONTAJE
Servir en platos las supremas con la caponata. Decorar con pistachos picados.

Scones de ricota y dátiles, crema de higos

Ingredientes

SCONES
Harina, 250 g
Azúcar, 60 g
Polvo para hornear, 2 cucharaditas
Sal, 1 pizca
Manteca, 100 g
Huevo, 1
Leche, 100 cc
Ricota, 100 g
Dátiles, 80 g

CREMA
Higos en almíbar, 4
Coñac, 50 cc
Crema de leche, 200 cc
Azúcar impalpable, 20 g

MONTAJE
Dátiles
Virutas de chocolate

Preparación

SCONES
Colocar en la procesadora la harina, el azúcar, el polvo para hornear, la sal y la manteca fría. Procesar hasta obtener un arenado.
Agregar el huevo y la leche. Formar una masa blanda. Incorporar la ricota y los dátiles picados. Llevar a la heladera por 1 hora.
Estirar la masa hasta lograr un espesor de 2 cm. Cortar los scones con cortapastas de 4 cm de diámetro. Apoyarlos sobre placas. Hornear a 180°C de 15 a 20 minutos.

CREMA
Escurrir los higos y guardar el almíbar. Procesar los higos con el coñac.
Batir la crema a 3/4 de punto con el azúcar impalpable. Mezclar con el puré de higos. Enfriar en la heladera.

MONTAJE
Utilizar platos rectangulares. Servir en cada uno 2 scones rellenos con la crema de higos. Decorar con el almíbar de los higos, algunos dátiles cortados por el medio y virutas de chocolate.

Brioche con peras asadas, crema de quesos y brócoli

Ingredientes

BRIOCHE
Levadura fresca, 10 g
Azúcar, 10 g
Harina 000, 200 g
Sal, 1 cucharadita
Manteca derretida, 10 g
Huevos, 2
Queso pategrás, 70 g
Ciboulette picada
Manteca pomada, 90 g
Huevo para pintar
Semillas de sésamo

RELLENO
Brócoli, 200 g
Queso tipo Filadelfia, 150 g
Queso azul, 30 g
Sal, pimienta
Peras, 4
Manteca clarificada, 40 g
Miel, 1 cucharada
Jugo de 1 limón
Vino blanco, 200 cc

MONTAJE
Hojas verdes

Preparación

BRIOCHE
Disolver la levadura con un poco de agua tibia y el azúcar. En un bol mezclar la harina con la sal y la manteca derretida. Añadir la levadura y los huevos batidos. Amasar hasta lograr una masa blanda. Dejar leudar hasta que duplique su tamaño. Desgasificar y dejar reposar 10 minutos. Incorporar el queso rallado, la ciboulette y la manteca pomada. Trabajar con las manos hasta que la masa la absorba. Dejar leudar 15 minutos más. Desgasificar nuevamente. Formar cada brioche con un bollo de 6 cm y un sombrero de 3 cm de diámetro. Tapar con film y dejar leudar en la heladera. Pintar con huevo, espolvorear con sésamo y cocinar 20 minutos en el horno precalentado a 220ºC.

RELLENO
Cocinar las flores de brócoli en agua con sal hasta que estén tiernas. Pisar con un tenedor. Unir con los quesos. Salpimentar y reservar. Cortar las peras en rodajas de 2 cm y retirar los centros. Saltear en una sartén con la manteca. Sumar la miel, el jugo de limón y el vino. Cocinar hasta que estén tiernas.
Abrir las brioches por el medio. Rellenar cada una con dos rodajas de pera y una porción de la crema de quesos.

MONTAJE
Servir las brioches en los platos. Acompañar con ensalada de hojas verdes.

Chuletas de cerdo con pesto de tomates secos, muffins de repollo

Ingredientes

CHULETAS
Tomates secos, 100 g
Ajo, 2 dientes
Aceite de oliva, 30 cc
Albahaca, 10 hojas
Carré de cerdo con hueso, 1,2 kilo
Sal, pimienta

SALSA
Vino blanco, 200 cc
Caldo magro de cerdo, 200 cc
Pimiento rojo, 1
Roux, 10 g

GUARNICIÓN
Repollo morado, 500 g
Miel, 20 g
Caldo de verduras, 200 cc
Manteca, 100 g
Huevos, 2
Mostaza de Dijon, 10 g
Harina, 100 g
Polvo para hornear, 1 cucharadita

MONTAJE
Puerro frito

Preparación

CHULETAS
Hidratar los tomates. Procesar con el ajo, el aceite de oliva y la albahaca. Reservar.
Limpiar el carré, retirar el hueso de la columna y cortar en 4 porciones. Hacer en cada chuleta una incisión paralela al corte. Rellenar con el pesto de tomates y cerrar con palillos. Salpimentar. Sellar en una sartén con aceite de oliva. Pasar a una placa y terminar la cocción en el horno a 180°C por 10 minutos.

SALSA
Desglasar la sartén con el vino; reducir. Incorporar el caldo y el pimiento pelado y procesado. Cocinar 5 minutos. Rectificar la sazón. Añadir el roux y disolverlo. Cocinar 3 minutos más, hasta que la salsa espese.

GUARNICIÓN
Cortar el repollo en cuartos y descartar el tallo duro. Colocar en una asadera con la miel y el caldo. Tapar y cocinar en horno suave hasta que esté tierno. Procesar y reservar.
Batir la manteca hasta que esté blanca. Incorporar los huevos, el repollo procesado, la mostaza y los ingredientes secos. Llenar moldes para muffins y hornear 20 minutos a 180°C.

MONTAJE
Servir en cada plato un muffin y encima una chuleta de cerdo. Salsear. Decorar con puerro cortado en juliana muy fina y frito.

Budín de mandarina, crema de azafrán y anís

Ingredientes

BUDÍN
Almendras peladas, 125 g
Harina 0000, 250 g
Levadura en polvo, 5 g
Manteca, 150 g
Azúcar impalpable, 125 g
Huevos, 4
Mermelada de mandarina,
  1 cucharada
Cascaritas confitadas de
  2 mandarinas
Esencia de vainilla
Esencia de almendras
Jugo de 2 mandarinas

CREMA
Crema de leche, 500 cc
Azúcar, 150 g
Azafrán en hebras, 2 g
Anís estrellado, 1

MONTAJE
Flores comestibles

Preparación

BUDÍN
Picar groseramente las almendras. Combinarlas con la harina y la levadura. Reservar.
En un bol batir la manteca con el azúcar impalpable hasta que esté cremosa y blanca. Incorporar los huevos de a uno, batiendo cada vez. Con ayuda de una espátula, integrar la mermelada, las cascaritas picadas y las esencias. Añadir de a poco los ingredientes secos, alternando con el jugo de mandarina.
Verter la preparación en una budinera media caña. Hornear a 160°C de 30 a 35 minutos.

CREMA
Colocar en una cacerolita la crema de leche, el azúcar, el azafrán y el anís. Llevar a hervor. Filtrar, pasar a un bol y refrigerar.
Cuando esté bien fría, batir hasta alcanzar punto chantillí.

MONTAJE
Disponer en cada plato 2 rebanadas de budín. Coronar con una generosa quenelle de crema. Decorar con flores comestibles.

Paté de ave con espinaca y quinotos

Ingredientes

MASA
Espinaca, 100 g
Agua, 100 cc
Harina 0000, 300 g
Sal, 5 g
Manteca, 150 g
Huevo, 1

RELLENO
Carne de ave, 300 g
Echalotes, 3
Ajo, 1 diente
Orégano fresco
Vino blanco, 200 cc
Huevos, 2
Quinotos en almíbar, 50 g
Sal, pimienta

ARMADO
Yema para pintar
Gelatina sin sabor, 7 g
Fondo de ave, 150 cc

MONTAJE
Hojas verdes

Preparación

MASA
Procesar la espinaca con el agua y reservar. Procesar la harina con la sal y la manteca hasta obtener un arenado. Agregar el huevo y la espinaca. Unir y refrigerar 2 horas.

RELLENO
Cortar la carne en dados pequeños. Colocar en un recipiente con los echalotes y el ajo picados, el orégano y el vino. Marinar por 30 minutos. Luego agregar los huevos y los quinotos picados. Salpimentar.

ARMADO
Estirar la masa de 3 mm de espesor. Fonsear moldes alargados individuales. Distribuir dentro el relleno. Tapar con masa, pintar con yema y realizar una chimenea. Hornear a 180°C por 20 minutos, hasta que la masa se dore ligeramente.
Hidratar la gelatina con un poco de agua. Agregar el fondo de ave y calentar. Verter por la chimenea de los patés y dejar que la gelatina solidifique.

MONTAJE
Servir en los platos el paté tibio. Acompañar con una ensalada de hojas verdes y algunos quinotos en almíbar.

Capeletti de queso azul, salteado de berberechos y espárragos

Ingredientes

MASA
Harina 0000, 300 g
Sal, 5 g
Yemas, 3
Agua, 50 cc
Aceite de oliva, 30 cc

RELLENO
Ricota, 300 g
Yemas, 2
Queso azul, 70 g
Sal, pimienta, tomillo

ARMADO
Sémola para la placa

SALTEADO
Tomates, 2
Espárragos congelados, 100 g
Aceite de oliva
Ajo, 2 dientes
Coñac, 30 cc
Berberechos, 200 g
Albahaca fresca

MONTAJE
Queso azul

Preparación

MASA
Colocar la harina y la sal en corona sobre la mesada. Poner en el centro las yemas, el agua y el aceite. Unir y amasar 10 minutos. Tapar con film y dejar reposar 30 minutos.

RELLENO
Mezclar la ricota tamizada, las yemas y el queso azul rallado. Sazonar. Colocar en una manga con pico liso y pequeño.

ARMADO
Estirar la masa fina. Cortar discos de 4 cm de diámetro. Disponer el relleno en el centro. Pintar los bordes con agua, cerrar como empanadas y unir los extremos. Colocar sobre una placa espolvoreada con sémola. Reservar en la heladera. A último momento, hervir en abundante agua con sal de 4 a 6 minutos.

SALTEADO
Pelar los tomates, descartar las semillas y cortar en juliana de 5 mm de grosor. Descongelar los espárragos y cortar en trozos de 2 cm. Calentar aceite de oliva en una sartén. Añadir el ajo picado y dejar que empiece a tomar color. Agregar los espárragos y saltear. Sumar los tomates, el coñac y algo de pimienta. Cocinar a fuego fuerte 1 minuto y continuar la cocción a fuego lento. Incorporar los berberechos, la albahaca picada y la pasta. Remover para que la salsa impregne la pasta.

MONTAJE
Servir en platos hondos con un crocante de queso azul.

Carpaccio de pomelo, macedonia de frutas

Ingredientes

ALMÍBAR
Azúcar, 200 g
Agua, 300 cc
Albahaca, 5 hojas
Menta, 10 hojas
Granos de pimienta rosa, 10 g

CARPACCIO
Pomelos, 2
Piña, 1/2
Kiwis, 2
Frutillas, 200 g

DECORACIÓN
Chips de piña

CHIPS DE PIÑA
Piña, 1/2
Azúcar impalpable

MONTAJE
Helado de vainilla, 300 g
Hojas de albahaca

Preparación

ALMÍBAR
Hacer un almíbar a 110°C con el azúcar y el agua. Retirar del fuego. Agregar las hojas de albahaca y de menta enteras y los granos de pimienta. Tapar y dejar en infusión durante 2 horas. Filtrar.

CARPACCIO
Pelar los pomelos, la piña y los kiwis. Limpiar las frutillas.
Cortar en finas rodajas los pomelos y en macedonia las otras frutas. Sumergir todas las frutas en el almíbar y macerar por 30 minutos. A último momento, entibiar.

CHIPS DE PIÑA
Cortar la piña en láminas muy delgadas. Disponer en una placa cubierta con papel siliconado. Espolvorear con azúcar impalpable. Hornear a 100°C durante 2 horas o hasta que resulten secos y crocantes.

MONTAJE
Acomodar las rodajas de pomelo en los platos. Apoyar en el centro un aro de 6 cm de diámetro y rellenarlo con las otras frutas escurridas y tibias. Coronar con una quenelle de helado de vainilla. Decorar con hojas de albahaca y chips de piña.

Soufflé de rúcula, ensalada de arándanos y queso brie

Ingredientes

SOUFFLÉ
Rúcula, 400 g
Jugo de 1 limón
Manteca, 40 g
Harina, 40 g
Vino torrontés, 80 cc
Leche, 80 cc
Sal, pimienta
Nuez moscada
Yemas, 2
Claras, 3

GUARNICIÓN
Espinaca, 200 g
Arándanos, 100 g
Queso brie, 50 g
Vinagreta clásica, 100 cc

Preparación

SOUFFLÉ
Licuar la rúcula junto con el jugo de limón hasta obtener un coulis. Reservar.
Preparar una salsa bechamel espesa con la manteca, la harina, el vino y la leche. Condimentar con sal, pimienta y nuez moscada. Dejar enfriar.
Mezclar en un bol el coulis de rúcula y la salsa bechamel. Agregar las yemas y unir. Batir las claras a nieve e incorporarlas en forma envolvente.
Enmantecar moldes individuales para soufflé. Repartir en ellos la preparación. Hornear a 200°C durante 20 minutos.

GUARNICIÓN
Colocar en un bol las hojas de espinaca crudas y enteras, los arándanos y el queso brie cortado en tajadas. Aderezar con la vinagreta.

MONTAJE
Retirar los soufflés del horno y colocarlos sobre platos rectangulares. Ubicar la ensalada a un costado y servir de inmediato.

Pechuga de pato perfumada con ajo y vermut

Ingredientes

GUARNICIÓN
Cebollas baby, 12
Manteca, 30 g
Caldo de verduras, 200 cc
Radicchio, 200 g
Miel, 10 g
Sal, pimienta

SALSA
Carcasa de pato, 1
Cebolla, 1
Cebollas de verdeo, 2
Vermut blanco, 100 cc
Granos de pimienta verde, 10 g
Piel de 1 naranja
Manteca fría, 20 g

PATO
Pechugas de pato, 4
Aceite neutro
Jugo de 1 naranja
Tomillo fresco

MONTAJE
Zest de naranja

Preparación

GUARNICIÓN
Poner las cebollas baby con la manteca en una sartén sobre fuego suave. Cuando las cebollas empiecen a tomar color, bañar con el caldo. Cocinar hasta que estén tiernas.
Cortar el radicchio en cuartos o sextos y agregar a las cebollas. Cocinar de 3 a 5 minutos. Condimentar con la miel, sal y pimienta. Reservar al calor.

SALSA
Trozar la carcasa de pato. Colocar en una cacerola con la cebolla común y las de verdeo. Mojar con el vermut. Llevar al fuego, añadir la pimienta y la piel de naranja y cubrir con agua. Cocinar hasta que el líquido se reduzca a la mitad. Filtrar. A último momento, salpimentar y montar con la manteca.

PATO
Hacer unos cortes superficiales en la piel de las pechugas. Sellar del lado de la piel en una sartén antiadherente, con muy poco aceite, durante 4 o 5 minutos. Incorporar el jugo de naranja y el tomillo. Dar vuelta las pechugas y cocinar unos minutos más. Salpimentar.

MONTAJE
Servir las pechugas fileteadas con la guarnición de cebollas. Salsear con el jugo de pato. Decorar con zest de naranja y ramitas de tomillo.

Crumble de peras y frutos secos

Ingredientes

CRUMBLE
Manteca fría, 125 g
Harina, 125 g
Sal, 1 pizca
Azúcar, 125 g
Almendras molidas, 125 g

RELLENO
Crema de leche, 200 cc
Yema, 1
Huevo, 1
Azúcar, 80 g
Esencia de vainilla
Aguardiente de peras, 100 cc
Cerezas en almíbar descarozadas,
   150 g
Pasas de uva Corinto, 50 g
Nueces pacanas, 40 g
Peras, 3

MONTAJE
Helado de caramelo
Menta fresca

Preparación

CRUMBLE
Cortar en trocitos la manteca fría y colocar en un bol. Incorporar la harina, la sal, el azúcar y las almendras. Mezclar y trabajar con espátula hasta obtener un arenado grueso. Reservar en la heladera.

RELLENO
Mezclar en un bol la crema, la yema, el huevo, el azúcar, la esencia de vainilla y el aguardiente. Reservar.
Picar las cerezas, las pasas de uva y las nueces pacanas. Combinar y reservar.
Pelar las peras y quitarles las semillas. Cortar en tajadas gruesas. Distribuir en moldes individuales de cerámica aptos para horno. Verter la mezcla de crema sobre las peras. Hornear a 160°C durante 10 minutos.
Retirar y esparcir en la superficie el crumble y las frutas reservadas. Volver al horno por 15 minutos más.

MONTAJE
Servir el postre tibio, con una bocha de helado de caramelo y una ramita de menta.

Recetas para 8 personas

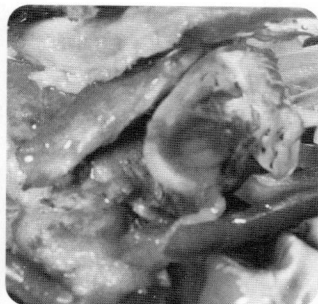

ENTRADA

PLATO PRINCIPAL

POSTRE

Timbal de berenjenas, farfalle de rúcula con manteca de salvia

Ingredientes

TIMBAL
Cebollas, 2
Ajo, 3 dientes
Aceite de oliva
Tomates, 6
Azúcar, 20 g
Mejorana, orégano, salvia, romero, tomillo
Sal, pimienta
Berenjenas, 4
Sal gruesa
Mozzarella, 300 g

PASTA
Harina 0000, 400 g
Sal, 10 g
Huevos, 3
Rúcula, 100 g
Aceite de oliva, 30 cc
Yema, 1

MANTECA DE SALVIA
Manteca, 100 g
Salvia, 6 hojas
Peperoncino, 1/2
Jugo de limón, unas gotas

MONTAJE
Hierbas frescas, zest de limón

Preparación

TIMBAL
Cortar las cebollas en brunoise. Picar el ajo. Cocinar ambos en una sartén con aceite. Incorporar los tomates cortados en cuartos, sin piel ni semillas, el azúcar y las hierbas en un atadito. Cocinar a fuego suave hasta secar. Salpimentar y reservar.
Cortar las berenjenas con piel en láminas a lo largo. Espolvorear con sal gruesa y dejar reposar 1 hora. Enjuagar, secar y freír ligeramente de ambos lados. Fonsear con berenjenas un molde para terrina. Rellenar con los tomates, colocar la mozzarella rallada gruesa y tapar con berenjenas. A último momento, calentar en el horno.

PASTA
Colocar la harina y la sal en corona sobre la mesada. Poner en el centro los huevos y la rúcula procesada con el aceite de oliva y la yema. Unir y amasar 10 minutos. Tapar con film y dejar reposar 30 minutos. Estirar, cortar rectángulos de 2 por 4 cm y hacer un pellizco en el centro. Cocinar en agua hirviendo con sal de 4 a 6 minutos.

MANTECA DE SALVIA
Unir la manteca pomada con la salvia y el peperoncino picados, el jugo de limón y sal.
Sartenear la pasta con la manteca de salvia.

MONTAJE
Servir en una fuente rectangular el timbal y la pasta, bien calientes. Decorar con hierbas frescas y zest de limón.

Página 128 / Bife especiado, curry de alubias moradas

Bondiola braseada con salvia y romero, polenta grillada / Página 88

Ragú de pescado a la cerveza

Ingredientes

FONDO
Zanahorias, 2
Puerros, 2
Echalotes, 4
Espinas de pescado magro, 500 g
Hierbas frescas
Cerveza rubia, 1 litro

RAGÚ
Pescados de carne firme, 800 g
Sal, pimienta
Manteca, 10 g
Echalotes, 4
Harina 0000, 100 g
Azafrán, 2 cápsulas

MONTAJE
Perejil picado

Preparación

FONDO
Cortar en mirepoix las zanahorias, los puerros y los echalotes. Ponerlos en una olla con las espinas de pescado, las hierbas y la cerveza.
Cocinar a fuego lento durante 30 minutos. Colar y reservar.

RAGÚ
Cortar los pescados en trozos de 100 g. Salpimentar y sellar de ambos lados en una sartén con la manteca.
Incorporar los echalotes ciselados y cocinar 2 minutos más. Agregar la harina y revolver para formar un roux.
Verter el fondo que se había reservado y condimentar con el azafrán. Cocinar a fuego lento durante 15 minutos. Sazonar con sal y pimienta.

MONTAJE
Servir el ragú de pescado en una sopera grande. Espolvorear con perejil picado.

Brownie de chocolate blanco y frutos secos, crema inglesa de menta

Ingredientes

BROWNIE
Chocolate blanco, 400 g
Manteca, 75 g
Huevos, 3
Azúcar, 175 g
Harina 0000, 175 g
Sal, 1 pizca
Frutos secos, 200 g
Esencia de almendras, 10 cc

CREMA INGLESA
Leche, 500 cc
Menta fresca, 10 hojas
Yemas, 6
Azúcar impalpable, 180 g

MONTAJE
Helado de sabayón

Preparación

BROWNIE
Picar groseramente 200 g de chocolate. Reservar.
Derretir a baño de María el resto del chocolate con la manteca.
Batir a blanco los huevos con el azúcar. Incorporar el chocolate fundido.
Añadir la harina y la sal, dejándolas caer a través de un tamiz y uniendo con movimientos envolventes.
Agregar los frutos secos enteros, la esencia de almendras y el chocolate picado que se había reservado.
Colocar la preparación en una placa de 30 por 40 cm, enmantecada y enharinada. Hornear a 190°C de 25 a 30 minutos. Dejar enfriar antes de desmoldar. Cortar discos de 8 cm de diámetro.

CREMA INGLESA
Poner la leche y la menta en una ollita. Llevar a hervor y retirar del fuego. Tapar y dejar en infusión por 1 hora. Filtrar.
Unir las yemas con el azúcar en una cacerola. Verter la leche fría y llevar al fuego. Cocinar, mezclando continuamente con una cuchara de madera, hasta que la salsa nape la cuchara.

MONTAJE
Servir en cada plato un disco de brownie y una bocha de helado de sabayón. Salsear con la crema inglesa de menta.

Cazuelitas de callos

Ingredientes

CALLOS
Mondongo, 2 kilos
Cebolla, 1
Laurel, 2 hojas
Granos de pimienta, 10 g

CAZUELA
Manteca, 50 g
Blanco de 3 apios
Zanahorias, 3
Champiñones, 300 g
Harina, 20 g
Fondo de ternera, 1 litro
Extracto de tomate, 20 g
Sal, pimienta
Crema de leche, 200 cc

MONTAJE
Ciboulette picada

Preparación

CALLOS
Colocar el mondongo en un recipiente, cubrir con agua fría y dejar reposar durante 8 horas.
Escurrir el mondongo y pasarlo a una olla. Añadir la cebolla pelada y cortada por el medio, el laurel y los granos de pimienta. Cubrir con agua.
Cocinar a fuego suave aproximadamente 2 horas, o hasta que el mondongo esté muy tierno. Retirar y cortar en cuadrados de 2 cm de lado.

CAZUELA
Calentar la manteca en una olla. Incorporar los callos y saltear unos minutos.
Agregar el apio y las zanahorias cortados en juliana y los champiñones en cuartos. Cocinar 5 minutos más.
Espolvorear con la harina y remover con cuidado hasta dorarla ligeramente.
Añadir el fondo y el extracto de tomate. Reducir a la mitad. Salpimentar. Agregar la crema y dejar que hierva. Rectificar el condimento.

MONTAJE
Servir la preparación en cazuelas individuales. Espolvorear con ciboulette picada.

Tempano de mi nonna

Ingredientes

MASA
Harina 0000, 600 g
Sal, 10 g
Huevos, 6

ALBONDIGUITAS
Carne de cerdo picada doble,
   1 kilo
Ajo, 2 dientes
Perejil picado
Huevos, 2
Sal, pimienta
Harina para empolvar
Aceite para freír

SALSA
Cebollas, 2
Pimiento rojo, 1
Ajo, 2 dientes
Aceite de oliva
Puré de tomate, 1 litro
Hongos secos, 40 g

Preparación

MASA
Colocar la harina y la sal en forma de corona sobre la mesada. Poner en el centro los huevos ligados. Unir y amasar 10 minutos. Tapar con film y dejar reposar 30 minutos.
Estirar la masa bien fina. Cortar piezas de 20 por 40 cm.

ALBONDIGUITAS
Unir en un bol la carne, el ajo y el perejil picados y los huevos. Salpimentar. Formar albondiguitas, pasar por harina y freír ligeramente.

SALSA
Cortar en brunoise las cebollas y el pimiento. Picar el ajo. Rehogar todo junto en una sartén con aceite de oliva.
Añadir el puré de tomate y los hongos remojados. Cocinar durante 10 minutos. Incorporar las albondiguitas y cocinar por 30 minutos más. Salpimentar.

ARMADO
Colocar salsa en la base de la asadera de 20 por 40 cm. Disponer una pieza de masa y una capa de salsa con abundantes albondiguitas. Repetir 3 o 4 veces. Hornear a 160°C durante 45 minutos.

MONTAJE
Desmoldar en una fuente honda. Espolvorear con perejil picado y servir con salsa extra.

Gratín de bananas y arándanos perfumados con ron

Ingredientes

CREMA PASTELERA
Leche, 500 cc
Vainilla, 1/2 vaina
Yemas, 6
Azúcar, 120 g
Harina, 20 g
Almidón de maíz, 20 g

CREMA FRANGIPANE
Manteca, 50 g
Azúcar, 100 g
Polvo de almendras, 100 g
Azúcar impalpable, 100 g
Huevo, 1

GRATÍN
Bananas, 3
Arándanos, 300 g
Ron, 50 cc
Jugo de 1 limón
Azúcar impalpable para espolvorear

Preparación

CREMA PASTELERA
Poner en una cacerola la leche y la vaina de vainilla abierta. Llevar a hervor.
En un bol mezclar las yemas con el azúcar, la harina y el almidón. Verter la leche caliente. Mezclar y llevar al fuego. Remover constantemente hasta que hierva. Retirar y reservar.

CREMA FRANGIPANE
Batir en un bol la manteca con el azúcar. Agregar el polvo de almendras y el azúcar impalpable. Incorporar lentamente el huevo. Mezclar la crema pastelera con la preparación de almendras. Enfriar muy bien en la heladera.

GRATÍN
Distribuir en platos hondos las bananas cortadas en trozos y los arándanos. Rociar con el ron y el jugo de limón.
Cubrir con la crema frangipane. Espolvorear con azúcar impalpable. Gratinar en horno fuerte por 10 minutos.

MONTAJE
Servir el postre bien caliente sobre platos de apoyo.

Gratín de polenta, hongos perfumados con hinojo, salsa de quesos

Ingredientes

POLENTA
Leche, 500 cc
Caldo de verduras, 500 cc
Manteca, 20 g
Sal, pimienta
Harina de maíz, 500 g

RELLENO
Cebollas, 2
Hinojos, 2
Aceite de oliva
Tomillo fresco
Hongos gírgolas frescos, 300 g
Hongos shitakes frescos, 100 g
Hongos secos, 40 g
Coñac, 100 cc
Queso de cabra semiduro, 150 g

SALSA
Vino blanco, 150 cc
Ajo, 1 diente
Queso gruyère, 200 g
Crema de leche, 200 cc

MONTAJE
Hojas de rúcula

Preparación

POLENTA
Colocar en una cacerola la leche, el caldo y la manteca. Llevar a hervor. Salpimentar. Incorporar la harina de maíz en forma de lluvia y cocinar hasta que se separe de los bordes de la cacerola. Colocar en una placa, formando una capa de 3 cm de altura. Enfriar. Cortar cuadrados de 6 cm de lado.

RELLENO
Cortar en brunoise las cebollas y los hinojos. Rehogar en una sartén con aceite de oliva y el tomillo. Agregar los hongos frescos fileteados y los secos remojados en el coñac. Saltear a fuego vivo por 5 minutos. Salpimentar.
Disponer los cuadrados de polenta en una placa enmantecada. Distribuir sobre ellos el relleno. Colocar encima una lonja de queso y gratinar en horno 180°C por 10 minutos.

SALSA
Colocar en una cacerola el vino y el diente de ajo entero. Llevar a hervor. Retirar el ajo. Agregar el queso rallado y revolver sobre fuego suave hasta que se funda. Incorporar la crema. Cocinar por unos minutos más. Salpimentar.

MONTAJE
Servir en los platos el gratín con la salsa y hojas de rúcula aderezadas a gusto.

Malfatti de espinaca, salsa de tomate fresco y verdeo

Ingredientes

PASTA
Espinaca, 1 kilo
Yemas, 3
Ricota, 500 g
Queso parmesano, 200 g
Harina 0000, 300 g
Sal, pimienta
Nuez moscada
Aceite para la cocción

SALSA
Panceta, 100 g
Cebollas de verdeo, 6
Tomates, 8
Peperoncino
Puré de tomate, 500 cc

MONTAJE
Piel de tomates
Aceite neutro para freír

Preparación

PASTA
Blanquear la espinaca en agua hirviendo con sal por 2 minutos. Escurrir bien. Procesar junto con las yemas.
Pasar a un bol. Unir con la ricota y el parmesano rallado. Incorporar la harina de a poco. Condimentar con sal, pimienta y nuez moscada. Reservar en la heladera durante 2 horas.
Tomar pequeñas porciones de la preparación y formar esferitas. Cocinar en agua hirviendo con un chorro de aceite y sal.
Retirar los malfatti con una espumadera. Esparcir sobre una placa enmantecada. A último momento, calentar en el horno.

SALSA
Cortar la panceta en brunoise. Saltear a fuego suave en una sartén sin materia grasa.
Agregar las cebollas de verdeo cortadas en juliana. Saltear de 2 a 4 minutos.
Incorporar los tomates concassé y el peperoncino. Saltear.
Añadir el puré de tomate y cocinar durante 10 minutos. Salpimentar.

MONTAJE
Servir en una fuente honda los malfatti con la salsa. Decorar con la piel de los tomates frita en aceite neutro.

Tarta marmolada de chocolate y naranja, ganache de chocolate blanco

Ingredientes

BASE
Amaretti, 200 g
Manteca, 60 g

RELLENO
Queso mascarpone, 400 g
Azúcar, 100 g
Almidón de maíz, 20 g
Huevos, 2
Yemas, 2
Ralladura de 2 naranjas
Cointreau, 30 cc
Chocolate con leche, 130 g
Café fuerte, 20 cc
Licor de café, 30 cc

SALSA
Crema de leche, 200 cc
Chocolate blanco, 300 g
Margarina, 30 g

MONTAJE
Cacao amargo

Preparación

BASE
Procesar los amaretti con la manteca. Fonsear con la mezcla la base y las paredes de un molde de 24 cm de diámetro y 6 cm de alto.

RELLENO
En un bol batir el queso con el azúcar y el almidón. Incorporar los huevos y las yemas.
Dividir la preparación en dos partes. Agregar a una de ellas la ralladura de naranja y el Cointreau y a la otra, el chocolate derretido, el café y el licor de café.

ARMADO
Rellenar la base de amaretti con cucharadas de ambas cremas. Mezclar apenas con un palillo. Hornear a 160°C de 35 a 40 minutos.

SALSA
Hervir la crema de leche en una cacerolita. Verter en un bol, sobre el chocolate picado. Dejar reposar durante 30 minutos.
Mezclar. Añadir la margarina y remover para integrarla.

MONTAJE
Cortar la tarta en porciones y servir en platos. Decorar con la salsa y espolvorear con cacao amargo.

Tarta mediterránea de mascarpone y verduras

Ingredientes

MASA
Harina 0000, 400 g
Sal, 5 g
Cúrcuma, 1 cucharadita
Ciboulette picada
Manteca, 200 g
Agua fría para unir

RELLENO
Aceite de oliva
Cebollas, 2
Zucchini, 2
Berenjenas, 2
Tomates, 2
Albahaca, 8 hojas
Sal, pimienta
Piñones, 100 g
Yemas, 4
Crema de leche, 150 cc
Queso mascarpone, 150 g

MONTAJE
Escarola fina
Lechuga morada
Menta y albahaca frescas
Vinagreta clásica con mostaza

Preparación

MASA
Colocar en un bol la harina, la sal y la cúrcuma. Incorporar la ciboulette y la manteca bien fría, cortada en cubos. Trabajar con los dedos hasta formar un arenado. Agregar de a poco el agua fría necesaria para integrar la masa. Tapar y refrigerar durante 2 horas. Estirar la masa y fonsear una tartera cuadrada de 25 cm de lado. Hornear a 160°C durante 10 minutos.

RELLENO
Calentar aceite de oliva en una sartén honda. Añadir las cebollas cortadas en mirepoix y rehogar a fuego suave hasta que estén tiernas. Agregar los zucchini y las berenjenas con piel, cortados en mirepoix, y cocinar 5 minutos más. Incorporar los tomates concassé y las hojas de albahaca enteras. Cocinar por 5 minutos. Salpimentar, adicionar los piñones tostados, retirar y reservar.
Para hacer el ligue, mezclar en un bol las yemas, la crema y el queso. Salpimentar.

ARMADO
Rellenar la base de masa con el salteado de verduras. Cubrir con el ligue. Hornear a 160°C durante 30 minutos.

MONTAJE
Desmoldar la tarta sobre una fuente. Servir con una ensalada de escarola, lechuga morada, menta y albahaca, aderezada con vinagreta de mostaza.

Pollo con tapenade, arroz pilaf con rúcula

Ingredientes

TAPENADE
Ajo, 1 diente
Anchoas en aceite, 2
Alcaparras, 15 g
Aceitunas negras, 100 g
Aceitunas verdes, 500 g
Jugo de limón, 1 cucharadita
Aceite de oliva, 50 cc
Ciboulette picada
Pimienta negra

POLLO
Supremas de pollo, 8
Sal, pimienta

GUARNICIÓN
Cebolla, 1
Manteca, 30 g
Arroz doble carolina, 400 g
Bouquet de hierbas
Caldo de verduras, 1,2 litro
Rúcula, 300 g

Preparación

TAPENADE
Machacar en un mortero el ajo, las anchoas y las alcaparras hasta lograr una pasta. Incorporar las aceitunas descarozadas, el jugo de limón y el aceite de oliva. Seguir machacando hasta lograr una textura homogénea. Condimentar con ciboulette picada y pimienta negra.

POLLO
Separar la piel de las supremas con los dedos, sin llegar a los extremos. Salpimentar y rellenar con la tapenade entre la carne y la piel. Colocar en una placa limpia. Asar en el horno a 180°C de 12 a 14 minutos.

GUARNICIÓN
Cortar la cebolla en brunoise. Rehogar en una cacerola con la manteca.
Incorporar el arroz y sellar por unos minutos, sin dejar que tome color.
Agregar el bouquet de hierbas y el caldo caliente. Tapar y cocinar durante 12 minutos, sin revolver.
Fuera del fuego, agregar las hojas de la rúcula y salpimentar.

MONTAJE
Servir en cada plato una suprema fileteada y una porción de arroz moldeada con ayuda de un aro. Decorar con ciboulette picada.

Parfait de chocolate blanco y mandarina

Ingredientes

APARATO A BOMBA
Azúcar, 120 g
Yemas, 8

PARFAIT DE CHOCOLATE BLANCO
Chocolate blanco, 120 g
Manteca, 40 g
Crema de leche, 160 cc

PARFAIT DE MANDARINA
Jugo de mandarina, 800 cc
Azúcar, 100 g
Crema de leche, 200 cc

ARMADO
Pionono de chocolate, 1

MONTAJE
Crema chantillí neutra
Cascaritas de mandarina confitadas
Menta fresca

Preparación

APARATO A BOMBA
Colocar el azúcar en una cacerolita. Cubrir con agua. Llevar al fuego hasta obtener un almíbar a 120ºC.
Batir las yemas en un bol. Verter sobre ellas el almíbar, en forma de hilo, mientras se continúa batiendo hasta enfriar por completo. Separar en dos partes iguales.

PARFAIT DE CHOCOLATE BLANCO
Derretir a baño de María el chocolate blanco con la manteca. Agregar a la mitad del aparato a bomba. Incorporar la crema de leche semibatida. Reservar en la heladera.

PARFAIT DE MANDARINA
Colocar en una cacerola el jugo de mandarina y el azúcar. Cocinar a fuego suave hasta que se reduzca a 1/3. Añadir a la otra mitad del batido. Adicionar la crema de leche semibatida. Reservar en la heladera.

ARMADO
Forrar con film la base de un molde para terrina. Cubrir los costados con tiras de acetato. Colocar en el fondo un rectángulo de pionono del mismo tamaño. Rellenar con la preparación de chocolate y llevar a la heladera por 2 horas. Completar con la mezcla de mandarina y refrigerar por 4 horas.

MONTAJE
Desmoldar el parfait y ubicarlo en una fuente, dejando el pionono como base. Decorar con crema chantillí neutra, cascaritas de mandarina confitadas y hojas de menta.

Flan de coliflor y vegetales, salsa de pimientos y albahaca

Ingredientes

FLAN
Cebollas, 2
Pimiento verde, 1
Aceite de oliva
Ajo, 2 dientes
Coliflores, 2
Tomates, 4
Perejil picado
Sal, pimienta
Comino en polvo, 1 pizca
Crema de leche, 300 cc
Yemas, 2
Huevos, 4

SALSA
Pimientos rojos, 3
Hinojo, 1
Manteca, 30 g
Caldo de verduras, 300 cc
Albahaca, 6 hojas

MONTAJE
Rúcula salvaje

Preparación

FLAN
Cortar en mirepoix las cebollas y el pimiento. Saltear en una sartén con aceite de oliva. Incorporar el ajo picado. Separar las flores de coliflor, picar groseramente y agregar a la sartén. Cocinar a fuego suave hasta que las verduras estén tiernas. Añadir los tomates concassé y el perejil. Saltear unos minutos más. Condimentar con sal, pimienta y el comino.
En un bol mezclar la crema, las yemas y los huevos. Salpimentar y unir con las verduras.
Distribuir en moldes individuales enmantecados. Hornear a 180°C, a baño de María, de 25 a 30 minutos.

SALSA
Acomodar los pimientos en una placa, rociar con un hilo de aceite y hornear a 180°C durante 10 minutos. Pelar, quitar las semillas y licuar. Cortar el hinojo en brunoise y rehogar en una sartén con la manteca. Agregar el puré de pimientos y el caldo. Cocinar a fuego lento hasta que tome consistencia. Condimentar con sal, pimienta y la albahaca picada.

MONTAJE
Servir en cada plato un flan, sobre una base de salsa. Decorar con un bouquet de rúcula salvaje.

Guiso de cordero con especias, burgol con frutos secos

Ingredientes

GUISO

Paleta de cordero sin hueso,
  1,6 kilo
Fondo claro de ternera, 2 litros
Cebollas, 3
Damascos turcos, 150 g
Semillas de sésamo, 1 cucharada
Pistachos, 100 g
Comino, 1 cucharadita
Azafrán, 1 cápsula
Pimienta negra, 1 cucharadita

GUARNICIÓN

Trigo burgol, 600 g
Caldo de verduras, 1 litro
Frutos secos, 200 g
Manteca, 50 g

Preparación

GUISO

Cortar la carne de cordero en trozos regulares para guisar, como se explica en la página 13. Blanquear durante 10 minutos en una olla con la mitad del fondo hirviendo.

Escurrir la carne y colocar en una cacerola de barro. Cubrir con el resto del fondo, llevar al fuego y dejar que hierva.

Cortar las cebollas en doble ciselado. Agregarla junto con los damascos. Hervir a fuego muy lento por lo menos 1 hora.

Tostar suavemente las semillas de sésamo junto con los pistachos picados y el comino en una sartén antiadherente.

Durante los últimos 30 minutos de cocción del guiso, añadir a la cacerola la mezcla de pistachos, el azafrán diluido en agua tibia y la pimienta.

GUARNICIÓN

Colocar el trigo burgol en un bol grande. Verter el caldo caliente y dejar reposar durante 30 minutos, para que el trigo se hidrate.

A último momento, saltear el trigo y los frutos secos en una sartén con la manteca.

MONTAJE

Presentar el guiso en la cacerola de barro, para servir en platos hondos ante los comensales, y la guarnición en cazuelas individuales.

Tarta de manzanas, canela y calvados

Ingredientes

MASA QUEBRADA
Manteca, 180 g
Harina 0000, 300 g
Canela en polvo, 1 cucharadita
Azúcar impalpable, 100 g
Sal, 1 pizca
Yemas, 3
Agua fría para unir

RELLENO
Manzanas, 6
Manteca, 40 g
Azúcar, 100 g
Calvados, 150 cc
Ralladura de 1 naranja
Jugo de 1 limón
Mermelada de damasco, 50 g

ARMADO
Almendras peladas, 300 g

MONTAJE
Azúcar impalpable
Helado de canela

Preparación

MASA
Colocar en un bol la manteca, la harina, la canela, el azúcar y la sal. Trabajar con una espátula hasta formar un arenado. Unir con las yemas y algo de agua, sin amasar demasiado. Tapar y dejar reposar en la heladera durante 1 hora.

RELLENO
Pelar las manzanas, cortar en láminas y saltear en una sartén con la manteca. Incorporar el azúcar y dejar caramelizar.
Verter el calvados y flamear. Añadir la ralladura de naranja, el jugo de limón y la mermelada.

ARMADO
Estirar la masa y fonsear una tartera de 26 cm de diámetro. Pinchar con un tenedor. Acomodar dentro las manzanas. Esparcir en la superficie las almendras peladas y fileteadas. Presionar con el dorso de una cuchara. Hornear a 180°C durante 30 minutos.

MONTAJE
Cortar la tarta en porciones y servirla tibia, espolvoreada con azúcar impalpable. Acompañar con helado de canela.

Strudel de verduras salteadas, pechuga de pollo ahumada y mozzarella

Ingredientes

VERDURAS
Champiñones, 200 g
Aceite de oliva
Cebollas moradas, 2
Zanahorias, 2
Repollo morado, 1/2
Zucchini, 2
Brotes de soja, 200 g
Salsa de soja, 100 cc
Azúcar, 20 g

PECHUGA
Virutas de madera ecológica, 200 g
Bouquet de hierbas
Pechugas de pollo, 4

STRUDEL
Masa filo, 300 g
Manteca clarificada, 80 g
Mozzarella, 200 g
Hojas de puerro

SALSA
Crema de leche, 500 cc
Mostaza en grano, 30 g
Echalotes picados, 2
Sal, pimienta

MONTAJE
Hojas verdes

Preparación

VERDURAS
Filetear los champiñones. Cortar en juliana las otras verduras. En un wok con el aceite saltear las cebollas y las zanahorias 2 minutos. Incorporar el repollo, los zucchini y los champiñones; saltear. Agregar los brotes, desglasar con la salsa y añadir el azúcar.

PECHUGA
Colocar las virutas y el bouquet en una asadera vieja tapizada con papel de aluminio. Tapar y calentar en horno moderado por 5 minutos. Destapar, ubicar en la asadera una rejilla y apoyar encima las pechugas. Tapar y cocinar en horno mínimo 25 minutos o hasta que las pechugas estén cocidas. Cortar en lonjas.

STRUDEL
Pincelar la masa con la manteca clarificada. Disponer junto a un lado las verduras, encima las pechugas y sobre ellas la mozzarella cortada en tajadas. Enrollar y atar con hilos de puerro blanqueados. Pasar a una placa y hornear a 180°C por 15 minutos.

SALSA
Cocinar 10 minutos la crema, la mostaza y los echalotes. Procesar, tamizar y sazonar.

MONTAJE
Servir el strudel cortado en porciones, con hojas verdes rociadas con la salsa.

Bondiola braseada con salvia y romero, polenta grillada

Ingredientes

BONDIOLA
Bondiola de cerdo, 1,5 kilo
Sal, pimienta
Harina para empolvar
Aceite de oliva
Panceta ahumada, 100 g
Cebollas, 4
Ajo, 4 dientes
Romero, salvia
Vino blanco, 250 cc
Tomates, 4
Caldo de verduras

GUARNICIÓN
Leche, 1 litro
Aceite de oliva, 50 cc
Harina de maíz, 400 g
Aceitunas negras, 50 g
Orégano fresco

Preparación

BONDIOLA
Desgrasar la bondiola y cortar en 8 medallones. Salpimentar, pasar por harina y dorar de ambos lados en una sartén amplia con aceite de oliva.

Descartar el aceite de la sartén, sin retirar la carne. Colocar aceite nuevo y saltear la panceta cortada en lardons. Añadir las cebollas ciseladas, el ajo en camisa y un bouquet de romero y salvia. Bajar el fuego y rehogar. Salpimentar.

Desglasar con el vino y reducir. Incorporar los tomates sin piel ni semillas, cortados en cuartos. Tapar con un disco de papel manteca. Brasear durante 45 minutos a fuego muy suave, incorporando caldo de verduras a medida que se vaya evaporando el líquido.

GUARNICIÓN
En una cacerola hervir la leche con el aceite de oliva. Salpimentar. Incorporar la harina de maíz y mezclar rápidamente. Cocinar hasta que esté bien seca.

Fuera del fuego agregar las aceitunas descarozadas y picadas. Perfumar con orégano.

Colocar en una placa enmantecada y dejar enfriar por completo. Cortar discos de 8 cm de diámetro. A último momento, grillar en una plancha bien caliente con aceite de oliva.

MONTAJE
Servir en una fuente los medallones de cerdo sobre los discos de polenta. Salsear y acompañar con el jugo y las verduras del braseado.

Kuchen de peras especiado, bananas salteadas en oliva

Ingredientes

KUCHEN
Manteca, 160 g
Azúcar rubia, 200 g
Yema, 1
Huevos, 3
Esencia de vainilla
Peras, 3
Harina 0000, 340 g
Polvo para hornear, 1 cucharada
Canela en polvo, 1 cucharada
Clavo de olor molido,
   1/2 cucharadita
Jengibre en polvo, 1 cucharadita
Polvo de macadamias, 100 g
Vino marsala, 180 cc
Leche, 100 cc

GUARNICIÓN
Bananas, 3
Jugo de 1 limón
Aceite de oliva, 35 cc
Azúcar, 50 g
Aceto balsámico, 150 cc

MONTAJE
Canela en polvo
Crema chantillí neutra

Preparación

KUCHEN
Batir la manteca a punto pomada con el azúcar. Agregar la yema y los huevos de a uno. Incorporar la esencia y las peras ralladas. Tamizar la harina con el polvo para hornear y las especias. Añadir al batido. Adicionar gradualmente el polvo de macadamias, intercalando el vino y la leche, mientras se une con movimientos envolventes.
Enmantecar una budinera de 5 por 30 cm, colocar en su base una tira de papel manteca y enmantecarla también. Volcar dentro la preparación. Hornear a 180°C durante 50 minutos.

GUARNICIÓN
Pelar las bananas y cortar en rodajas al sesgo. Rociar con el jugo de limón.
Colocar en una sartén el aceite de oliva y las bananas trozadas. Saltear a fuego fuerte de 2 a 4 minutos. Incorporar el azúcar y el aceto. Cocinar 5 minutos a fuego suave.

MONTAJE
Cortar el kuchen en tajadas. Espolvorear con canela. Servir en una fuente, con la guarnición de bananas. Acompañar con crema chantillí neutra.

Mejillones en ensalada, brusqueta de albahaca

Ingredientes

PAN
Harina 000, 500 g
Sal, 10 g
Leche en polvo, 10 g
Levadura fresca, 25 g
Agua, 200 cc
Aceite de oliva, 50 cc
Pimiento rojo, 1
Albahaca, 10 hojas

MEJILLONES
Mejillones vivos, 2 kilos
Ajo, 2 dientes
Vino blanco, 100 cc
Laurel, 2 hojas

ENSALADA
Pimientos, 1 rojo, 1 verde
  y 1 amarillo
Pakchoi, 1 planta
Vinagre de sidra, 30 cc
Aceite de oliva, 100 cc
Eneldo fresco

MONTAJE
Hojas verdes, perejil, limón

Preparación

PAN
Colocar la harina, la sal y la leche en forma de corona sobre la mesada. Poner en el centro la levadura, el agua y el aceite. Unir y amasar. Dejar leudar 30 minutos. Desgasificar. Agregar el pimiento en brunoise y la albahaca en juliana. Dar forma de pan de campo. Dejar leudar hasta que duplique su volumen. Hornear a 160°C por 40 minutos. Dejar enfriar y cortar en rebanadas. A último momento, grillar.

MEJILLONES
Raspar con un cuchillo las valvas de los mejillones, quitar las barbas y cepillar. Colocar en un bol con agua salada durante 30 minutos. Retirar los mejillones sin agitar el agua, para que la arenilla quede en el fondo.
Disponer en una cacerola los mejillones, los dientes de ajo enteros, el vino y el laurel. Tapar y cocinar de 3 a 5 minutos, hasta que los mejillones se abran. Descartar los que permanezcan cerrados. Sacar los demás de sus valvas y desechar éstas.

ENSALADA
Colocar en un bol los mejillones, los pimientos cortados en brunoise, las hojas del pakchoi enteras, el vinagre, el aceite de oliva y el eneldo. Salpimentar y mezclar.

MONTAJE
Servir la ensalada sobre las rebanadas de pan grilladas. Decorar con hojas verdes. Salsear con la vinagreta de la ensalada y espolvorear con perejil. Completar con rodajas de limón.

Ossobuco clásico a la milanesa

Ingredientes

OSSOBUCO
Sal, pimienta
Ossobuco, 8 rodajas
Harina para empolvar
Aceite para sellar
Vino blanco seco, 200 cc
Extracto de tomate, 50 g
Fondo de carne, 500 cc

GREMOLATA
Anchoas en aceite, 3
Ajo picado, 2 dientes
Perejil picado, 2 cucharadas
Zest de 2 limones
Zest de 1 pomelo blanco

RISOTTO
Cebollas, 2
Manteca, 160 g
Arroz, 400 g
Azafrán, 2 cápsulas
Vino blanco, 100 cc
Caldo de verduras, 1 litro
Queso parmesano, 100 g

Preparación

OSSOBUCO
Salpimentar la carne, pasar por harina y retirar el exceso. Sellar de ambos lados en una sartén amplia y profunda con aceite caliente. Pasar a un recipiente auxiliar y reservar.
Descartar el aceite de la sartén. Desglasar con el vino y reducir a 3/4. Agregar el extracto de tomate y saltear rápidamente. Incorporar de nuevo la carne. Verter el fondo caliente y graduar el fuego para que se mantenga justo por debajo del punto de ebullición.
Tapar la sartén. Brasear la carne de 2 a 3 horas, hasta que esté tierna, dándola vuelta cada tanto y agregando agua si fuera necesario.

GREMOLATA
Picar las anchoas y el ajo. Combinar en un bol con el perejil y el zest de los cítricos.

RISOTTO
Cortar las cebollas en doble ciselado. Saltear en una cacerola con 40 g de manteca. Agregar el arroz y sellar. Incorporar el azafrán y dejar que tome temperatura. Desglasar con el vino. Verter de a poco el caldo caliente y cocinar, revolviendo, hasta que el arroz esté al dente. Fuera del fuego montar con la manteca restante y el queso rallado. Salpimentar.

MONTAJE
Servir el ossobuco en una fuente, con la gremolata por encima. Acompañar con el risotto.

Crocante de manzanas verdes, almendras y canela

Ingredientes

CREMA DE ALMENDRAS
Leche, 250 cc
Jugo de naranja, 500 cc
Ralladura de 2 limones
Yemas, 6
Azúcar, 150 g
Almidón de maíz, 30 g
Almendras, 120 g

RELLENO
Manzanas verdes, 6
Grapa, 250 cc
Azúcar morena, 200 g
Galletitas de limón, 100 g

CROCANTES
Masa filo, 500 g
Manteca clarificada, 100 g

MONTAJE
Helado de vainilla
Canela

Preparación

CREMA
Colocar en una cacerola la leche, el jugo de naranja y la ralladura de limón. Llevar a ebullición.
Mezclar en un bol las yemas, el azúcar y el almidón. Verter el líquido caliente, volver al fuego y cocinar, revolviendo siempre, hasta que hierva. Retirar.
Pelar y moler las almendras. Unir con la preparación anterior. Tapar y reservar en la heladera.

RELLENO
Cortar las manzanas en láminas. Ubicar en un bol junto con la grapa, el azúcar y las galletitas procesadas. Dejar reposar 30 minutos. Filtrar, reservar las manzanas y poner el líquido en una cacerolita. Llevar al fuego y reducir hasta lograr un almíbar.

CROCANTES
Cortar rectángulos de masa filo de 15 cm por 10 cm. Superponerlos de a dos, pincelando con la manteca clarificada.
Disponer sobre cada conjunto una franja de la crema de almendras y encima unas láminas de manzana. Enrollar, acomodar en una placa limpia y hornear a 160°C durante 10 minutos.

MONTAJE
Servir en cada plato dos paquetitos, con una quenelle de helado de vainilla, un toque de canela y el almíbar de manzana.

Canelones de espinaca y queso de cabra, salsa de melisa y limón

Ingredientes

MASA
Harina 0000, 600 g
Sal, 10 g
Huevos, 4
Espinaca, 300 g
Aceite de oliva, 50 cc

RELLENO
Manteca, 50 g
Ajo, 4 dientes
Espinaca, 500 g
Sal, pimienta
Queso de cabra blando, 200 g
Huevo, 1
Melisa, 4 hojas
Hongos secos, 20 g

SALSA
Crema de leche, 300 cc
Manteca, 100 g
Melisa, 8 hojas
Ralladura de 1 limón

MONTAJE
Melisa, zest de limón

Preparación

MASA
Colocar la harina y la sal en forma de corona sobre la mesada. Poner en el centro los huevos y la espinaca procesada con el aceite de oliva. Unir y amasar 10 minutos. Tapar con film y dejar reposar 30 minutos. Estirar la masa bien fina y cortar cuadrados de 20 cm de lado. Blanquear en agua hirviendo. Escurrir y enfriar rápidamente.

RELLENO
En una sartén con la manteca sudar brevemente el ajo picado. Agregar la espinaca y saltear de 2 a 4 minutos. Salpimentar.
Unir en un bol el queso, el huevo y la melisa picada. Mezclar con la espinaca. Añadir los hongos hidratados y cortados en brunoise. Colocar en una manga.

SALSA
Poner en una cacerolita la crema, la manteca, la melisa y la ralladura del limón. Llevar a hervor. Filtrar y salpimentar.

ARMADO
Repartir el relleno sobre las piezas de masa y enrollar. Acomodar en una placa enmantecada. Verter encima la salsa. Gratinar en el horno a 180°C por 10 minutos.

MONTAJE
Servir los canelones en los platos. Decorar con melisa fresca y zest de limón.

Goulash a la naranja

Ingredientes

GOULASH
Bola de lomo, 1,5 kilo
Aceite neutro
Sal, pimienta
Cebollas, 4
Páprika, 2 cucharadas
Curry, 1 cucharadita
Tomillo, romero
Harina, 50 g
Jugo de 4 naranjas
Vino blanco, 200 cc
Agua caliente, 200 cc

SPAETZLE
Huevos, 3
Agua, 400 cc
Harina, 400 g
Manteca
Perejil

Preparación

GOULASH
Cortar la carne de cordero en trozos regulares para guisar, como se explica en la página 13. Sellar en una cacerola con aceite, a fuego fuerte, hasta dorar de todos lados. Salpimentar.
Cortar las cebollas en doble ciselado. Incorporarlas a la cacerola y rehogar durante 20 minutos.
Agregar la páprika, el curry, las hierbas y la harina; mezclar. Añadir el jugo de naranja, el vino y el agua caliente. Cocinar a fuego mínimo por 1 hora.

SPAETZLE
En un bol mezclar los huevos con la mitad del agua y la harina tamizada con algo de sal. Una vez integrada la pasta, incorporar el resto del agua. Dejar reposar 30 minutos en la heladera.
Pasar la pasta a través de un colador para spaetzle, colocado sobre una cacerola con abundante agua hirviendo salada. Cocinar hasta que suban a la superficie. Retirar con una espumadera. A último momento, saltear en una sartén con manteca y perejil picado.

MONTAJE
Servir en platos hondos el goulash con los spaetzle.

Flan de coco, salsa de lima y dulce de leche

Ingredientes

CARAMELO
Azúcar, 200 g
Agua, 50 cc

FLAN
Leche, 400 cc
Coco rallado, 200 cc
Yemas, 3
Huevos, 3
Leche condensada, 200 cc

SALSA
Crema de leche, 500 cc
Piel de 2 limas
Dulce de leche, 150 g

MONTAJE
Cascaritas de lima confitadas

Preparación

CARAMELO
Hacer un caramelo rubio con el azúcar y el agua. Acaramelar la base de un molde savarin de 24 cm de diámetro.

FLAN
Poner en una cacerola la leche y el coco. Llevar a hervor. Retirar del fuego, tapar y dejar en infusión por 1 hora. Filtrar, para obtener leche de coco.
En un bol grande mezclar las yemas, los huevos y la leche condensada. Incorporar la leche de coco. Pasar por un tamiz.
Verter la preparación en el molde acaramelado. Tapar con papel de aluminio. Hornear a 150°C, a baño de María, durante 45 minutos.

SALSA
Colocar en una cacerola la crema y la piel de las limas. Llevar a hervor. Filtrar y volcar en un bol, sobre el dulce de leche. Unir bien.

MONTAJE
Desmoldar el flan y servirlo a temperatura ambiente. Acompañar con la salsa en salsera aparte. Decorar con cascaritas de lima confitadas.

Tatin de tomates secos

Ingredientes

RELLENO
Tomates perita, 10
Sal, pimienta
Azúcar, hierbas frescas
Aceite de oliva
Cebollas, 2
Pimientos rojos, 2
Blanco de 2 apios
Ajo, 2 dientes
Alcaparras, 20 g
Mozzarella, 200 g

MASA
Harina, 300 g
Sal, 10 g
Azúcar, 20 g
Romero fresco
Manteca, 150 g
Puré de pimiento rojo, 50 g
Huevos, 2

MONTAJE
Hojas verdes
Vinagreta clásica

Preparación

RELLENO
Cortar los tomates por el medio. Disponer en una placa.
Condimentar con sal, azúcar, hierbas y un hilo de aceite de oliva.
Hornear a 100°C durante 2 horas.
Cortar en brunoise las cebollas, los pimientos y el apio. Picar el ajo.
Rehogar todo en una sartén con aceite de oliva. Incorporar las alcaparras y salpimentar.
Cortar la mozzarella en rodajas. Reservar todo por separado.

MASA
Colocar en un bol la harina, la sal, el azúcar, el romero picado y la manteca fría. Trabajar con corne hasta lograr un arenado. Unir con el puré de pimiento y los huevos. Envolver en film y refrigerar 1 hora.

ARMADO
Cubrir con los tomates el fondo de un molde de 26 cm de diámetro, enmantecado. Esparcir encima los vegetales rehogados y la mozzarella. Estirar la masa, cubrir el relleno y llevar hacia abajo en el contorno. Hornear a 180°C por 30 minutos, hasta que se dore la superficie.

MONTAJE
Invertir la tarta sobre una fuente. Sazonar los tomates con un hilo de aceite de oliva y un toque de pimienta. Servir con ensalada de hojas verdes aderezada con vinagreta.

Colita de cuadril asada, repollitos de Bruselas salteados

Ingredientes

CARNE
Cebollas, 2
Panceta ahumada, 90 g
Radicchio, 150 g
Aceite de oliva
Sal, pimienta
Colita de cuadril, 1,2 kilo
Mostaza, 50 g
Vino tinto, 200 cc
Vinagre de vino tinto, 150 cc
Fondo de carne, 300 cc
Roux, 10 g

GUARNICIÓN
Repollitos de Bruselas, 800 g
Echalotes, 16
Manteca, 50 g
Hinojos, 2

MONTAJE
Hojas de hinojo fritas

Preparación

CARNE
Cortar las cebollas en juliana, la panceta en lardons y el radicchio en chiffonnade. Saltear la cebolla en una sartén con aceite de oliva. Agregar la panceta y saltear. Incorporar el radicchio y cocinar 2 minutos más. Salpimentar.
Limpiar la carne del exceso de grasa. Hacer una incisión para formar una bolsa. Rellenar con el salteado de vegetales. Cerrar con palillos. Untar con la mostaza y salpimentar.
Ubicar la carne en una asadera limpia. Verter el vino, el vinagre y la mitad del fondo. Hornear a 180°C aproximadamente 35 minutos, rociando cada tanto con fondo. Retirar la carne, cortar en tajadas y reservar al calor.
Desglasar la asadera con el resto del fondo. Filtrar y pasar a una cacerolita. Si fuera necesario, incorporar el roux y revolver sobre el fuego hasta que la salsa espese.

GUARNICIÓN
Limpiar los repollitos descartando las hojas externas. Hacer un corte en cruz en la base. Blanquear en agua hirviendo con sal. Escurrir, cortar por el medio y reservar.
Cortar los echalotes en cuartos. Rehogar en una sartén con la manteca. Agregar los hinojos cortados en juliana muy fina y los repollitos. Saltear de 2 a 4 minutos. Salpimentar.

MONTAJE
Servir la carne con su salsa y la guarnición a un costado. Decorar con hojas de hinojo fritas.

Bombón de chocolate y quinotos, crema de Cointreau y nueces

Ingredientes

QUINOTOS
Quinotos, 200 g
Azúcar, 100 g
Agua, 300 cc
Anís estrellado, 2

BOMBÓN
Chocolate, 300 g
Manteca, 200 g
Huevos, 5
Azúcar, 350 g
Harina, 80 g

CREMA
Crema chantillí, 300 g
Cointreau, 30 cc
Praliné de nueces, 100 g

MONTAJE
Menta fresca
Virutas de chocolate

Preparación

QUINOTOS
Lavar los quinotos y pincharlos con un palillo. Blanquear en agua hirviendo por 2 minutos. Repetir dos veces más, cambiando el agua. En una cacerola, hacer un almíbar con el azúcar, el agua y el anís. Cocinar 5 minutos. Incorporar los quinotos y cocinar hasta que estén tiernos. Retirar y dejar enfriar. Cortar en cuartos.

BOMBÓN
Fundir a baño de María el chocolate con la manteca. Reservar. Batir a blanco los huevos con el azúcar. Retirar de la batidora. Agregar el chocolate, las 3/4 partes de los quinotos escurridos y la harina. Mezclar bien.
Colocar la preparación en una placa de 30 por 40 cm, enmantecada y enharinada. Hornear a 190°C de 20 a 25 minutos.

CREMA
Unir en un bol la crema chantillí, el Cointreau y el praliné picado groseramente.

MONTAJE
Desmoldar el bombón y cortar rectángulos. Servir en los platos, con una quenelle de crema sobre cada uno. Decorar con el almíbar de los quinotos, hojas de menta y virutas de chocolate.

Papillote de anchoa con mejillones y verduras

Ingredientes

Pimientos verdes, 2
Pimientos rojos, 2
Repollo rizado, 1/2
Aceite de oliva
Pakchoi, 4 plantas
Filetes de anchoas frescas, 8
Mejillones vivos, 16
Aceitunas negras, 16
Sal, pimienta
Perejil picado

Preparación

Cortar en juliana los pimientos y el repollo. Saltear por unos minutos en una sartén con aceite de oliva. Agregar las plantas de pakchoi cortadas en cuartos y saltear durante 2 minutos más.

Cortar 8 rectángulos de papel manteca de 50 por 25 cm. Distribuir sobre ellos el salteado de verduras, los filetes de anchoas, los mejillones con sus valvas y las aceitunas descarozadas, enteras. Salpimentar, rociar con aceite de oliva y esparcir perejil picado. Cerrar el papel formando paquetes herméticos.

Acomodar los papillotes en una placa. Cocinar en el horno a 200ºC durante 15 minutos.

MONTAJE

Servir los papillotes en una fuente. Abrirlos en la mesa, ante los comensales.

Ravioles de carne, su tuco al romero y ajos confitados

Ingredientes

RELLENO
Peceto, 500 g
Mirepoix clásica, 200 g
Bouquet de hierbas
Caldo de carne, 500 cc
Sal, pimienta

MASA
Harina 0000, 500 g
Sal, 10 g
Huevos, 4
Vino blanco, 25 cc
Aceite de oliva, 25 cc

SALSA
Ajo, 2 cabezas
Blanco de 4 apios
Cebollas, 2
Zanahorias, 2
Aceite de oliva
Vino marsala, 300 cc
Extracto triple de tomate,
    1 cucharada
Fondo de carne, 300 cc
Romero fresco
Tapioca, 1 cucharadita

Preparación

RELLENO
Limpiar el peceto de grasa. Colocarlo en una asadera, sobre la mirepoix y el bouquet de hierbas. Sellar en el horno a 200°C. Bajar la temperatura y cocinar por 45 minutos, mojando con caldo. Procesar la carne con unas cucharadas de fondo. Salpimentar.

MASA
Poner la harina y la sal en corona y en el centro los huevos, el vino y el aceite. Unir y amasar 10 minutos. Tapar y dejar reposar 30 minutos.

ARMADO
Estirar la masa bien fina. Sobre la mitad de la superficie disponer pequeñas porciones de relleno. Humedecer entre ellas con agua, cubrir con la otra mitad de la masa, cerrar sin dejar aire y cortar los ravioles. Refrigerar sobre una placa espolvoreada con sémola. A último momento, hervir en abundante agua con sal de 4 a 6 minutos.

SALSA
Pelar los dientes de ajo, envolver en papel de aluminio y cocinar en horno mínimo 2 horas, hasta que estén muy tiernos. Cortar en mirepoix los apios, las cebollas y las zanahorias. Rehogar en una sartén con oliva hasta tiernizar. Desglasar con el vino, cocinar 5 minutos y filtrar. Incorporar el extracto y el fondo. Cocinar 5 minutos. Agregar los ajos y el romero. Salpimentar. Añadir la tapioca disuelta en unas cucharadas de fondo y hervir 1 o 2 minutos.

MONTAJE
Servir la pasta sarteneada con la salsa. Decorar con ramitas de romero.

Pudding de manzanas, salsa de remolacha y albahaca

Ingredientes

CARAMELO
Azúcar negra, 100 g
Agua, 50 cc

PUDDING
Manzanas verdes, 6
Manteca, 50 g
Azúcar, 50 g
Leche, 200 cc
Huevos, 6
Canela en polvo

SALSA
Remolachas, 100 g
Agua, 300 cc
Azúcar, 150 g
Albahaca, 6 hojas
Jugo de 2 limones

MONTAJE
Láminas de remolacha fritas

Preparación

CARAMELO
Hacer un caramelo oscuro con el azúcar y el agua. Acaramelar la base de 8 moldes individuales rectangulares.

PUDDING
Pelar las manzanas, quitarles el centro y trozarlas. Cocinarlas en una sartén con la manteca y el azúcar.
Procesar las manzanas cocidas. Mezclar con la leche y los huevos. Aromatizar con canela.
Llenar los moldes con la preparación. Tapar con papel de aluminio enmantecado. Hornear a 150ºC, a baño de María, aproximadamente 30 minutos. Reservar a temperatura ambiente.

SALSA
Pelar las remolachas y cocinar a partir de agua fría hasta que estén tiernas. Procesar y pasar por un tamiz.
Colocar en una cacerolita el agua, el azúcar y las hojas de albahaca. Cocinar 5 minutos desde que rompa el hervor. Fuera del fuego agregar el puré de remolachas y el jugo de limón. Mezclar y volver a tamizar.

MONTAJE
Servir cada pudding en un plato. Decorar con la salsa y láminas muy finas de remolacha fritas en aceite neutro.

Alitas de pollo rebozadas, crema de brócoli

Ingredientes

CREMA
Cebolla, 1
Manteca, 20 g
Brócoli morado, 600 g
Coñac, 50 cc
Caldo de verduras, 500 cc
Crema de leche, 200 cc
Sal, pimienta
Pimiento rojo, 1

ALITAS
Maníes, 50 g
Miga de pan, 300 g
Huevos, 2
Alitas de pollo, 16
Aceite para freír

MONTAJE
Queso parmesano

Preparación

CREMA
Picar la cebolla. Cocinar durante 10 minutos en una cacerola con la manteca, a fuego suave. Agregar las flores de brócoli y saltear unos minutos. Flamear con el coñac. Verter el caldo y cocinar hasta que las verduras estén tiernas. Pasar por un tamiz. Unir con la crema y salpimentar. Incorporar el pimiento cortado en brunoise.

ALITAS
Picar finamente los maníes, rallar la miga de pan y combinar ambos ingredientes. Batir los huevos. Reservar por separado.
Limpiar las alitas bajando la carne hacia la coyuntura. Salpimentar. Pasar por el batido de huevos y rebozar con la mezcla de pan. Freír en abundante aceite.

MONTAJE
Servir la crema de brócoli en platos hondos, con las alitas. Decorar con virutas de parmesano.

Arroz con verduras de estación

Ingredientes

ARROZ
Cebolla, 1
Repollitos de Bruselas, 200 g
Flores de cardo, 200 g
Pencas de acelga, 2
Aceite de oliva, 20 cc
Arroz carnaroli, 700 g
Caldo de ave, 2 litros aprox.
Sal, pimienta
Espinaca tierna, 300 g

MONTAJE
Jugo de 1 limón
Queso manchego, 150 g

Preparación

ARROZ
Picar la cebolla. Limpiar los repollitos y partirlos por el medio. Cortar las flores de cardo en trozos regulares y las pencas de acelga en juliana. Reservar.
Disponer una paellera sobre el fuego. Verter el aceite, añadir la cebolla y rehogar.
Incorporar el arroz, sellar y mojar con la mitad del caldo caliente. Salpimentar y dejar que levante un hervor parejo. Incorporar los repollitos y el cardo.
A mitad de cocción agregar las pencas de acelga y completar con más caldo. Cocinar a fuego tranquilo hasta que el arroz esté al dente. Fuera del fuego agregar hojas de espinaca enteras y rectificar el condimento.

MONTAJE
Servir el arroz en la paellera. Rociar con gotas de jugo de limón y esparcir láminas de queso manchego.

Gratinado de cítricos con sabayón de Martini

Ingredientes

CÍTRICOS
Azúcar, 250 cc
Agua, 400 cc
Canela, 1 rama
Naranjas, 3
Limones, 2
Mandarinas, 2
Pomelos, 2

SABAYÓN
Martini, 60 cc
Azúcar, 200 g
Yemas, 3

MONTAJE
Chips de cítricos
Chocolate amargo

Preparación

CÍTRICOS
Colocar en una cacerola el azúcar, el agua y la canela. Llevar al fuego y cocinar 5 minutos desde que rompa el hervor, para obtener un almíbar.
Pelar a vivo los cítricos y colocarlos en un bol. Verter sobre ellos el almíbar, tapar y dejar reposar durante 1 hora.

SABAYÓN
Preparar un almíbar liviano con el Martini y el azúcar.
Batir las yemas en un bol a baño de María. Agregar de a poco el almíbar tibio y seguir batiendo hasta alcanzar un punto espumoso y firme.

GRATINADO
Repartir el sabayón en platos hondos. Disponer encima los cítricos escurridos. Gratinar en el horno 180°C durante 10 minutos.

MONTAJE
Servir el postre caliente, sobre platos de apoyo. Decorar con chips de cítricos y con chocolate amargo rallado.

Ensalada de pato braseado, aderezo de frutos secos

Ingredientes

ENSALADA
Muslos de pato, 4
Caldo de verduras, 500 cc
Laurel, 1 hoja
Naranjas, 2
Manteca para saltear
Sal, pimienta
Tomates, 2
Pimiento verde, 1
Cebollas moradas, 2
Chile rojo, 1
Aceite de oliva, 300 cc
Ralladura de 1 naranja

ADEREZO
Manteca, 30 g
Almendras, 50 g
Nueces, 50 g
Avellanas, 50 g
Oporto, 200 cc
Menta fresca

MONTAJE
Hojas tiernas de espinaca

Preparación

ENSALADA
Colocar los muslos de pato en una asadera con el caldo, el laurel y las naranjas cortadas en rodajas. Tapar y hornear a 90°C durante 2 horas. Retirar y dejar enfriar. Deshilachar en hebras, con ayuda de dos tenedores. Saltear en una sartén con manteca. Salpimentar y reservar.
Cortar los tomates concassé, el pimiento en juliana, las cebollas en pluma y el chile en brunoise.
Combinar en un bol las hebras de pato, las verduras, el aceite de oliva y la ralladura de naranja.

ADEREZO
Calentar la manteca en una sartén. Añadir los frutos secos picados groseramente. Saltear.
Desglasar con oporto y reducir a fuego suave por 5 minutos. Condimentar con sal, pimienta y menta fresca.

MONTAJE
Servir la ensalada en los platos, sobre hojas de espinaca crudas. Salsear con el aderezo.

Brochetas de cerdo y pollo, chutney de tomate y lima

Ingredientes

CHUTNEY
Cebollas, 2
Tomates, 1 kilo
Azúcar morena, 160 g
Vinagre de vino tinto, 100 cc
Salsa de tomate, 50 cc
Ralladura y gajos pelados a vivo
de 1 lima

BROCHETAS
Jugo de 1 lima
Aceite de oliva, 100 cc
Guindillas, 2
Carne de cerdo, 600 g
Carne de pollo, 600 g
Pimientos, 2 verdes y 2 amarillos

SALSA
Salsa de soja, 300 cc
Azúcar, 130 g

Preparación

CHUTNEY
Picar las cebollas. Pelar los tomates, quitarles las semillas y cortarlos en cuartos.
Colocar ambos vegetales en una cacerola con el azúcar, el vinagre, la salsa de tomate y 100 cc de agua. Llevar a hervor y luego cocinar a fuego lento durante 20 minutos.
Agregar la ralladura y los gajos de lima. Cocinar 10 minutos más.

BROCHETAS
Combinar en un tazón el jugo de lima, el aceite de oliva y las guindillas enteras.
Cortar ambas carnes en dados. Armar brochetas alternando el cerdo y el pollo con rombos de pimiento. Ubicarlas en una fuente, bañarlas con la mezcla de lima y marinar durante 1 hora.
Grillar las brochetas en una plancha hasta que estén bien doradas de todos lados y jugosas en su interior.

SALSA
Realizar un almíbar con la salsa de soja y el azúcar.

MONTAJE
Servir una brocheta en el centro de cada plato. Acompañar con el chutney. Decorar con el jarabe de soja y unas rodajas de lima.

Crème brûlée de caramelo y gin

Ingredientes

CREMA
Azúcar, 200 g
Agua, 300 cc
Gin, 30 cc
Leche, 500 cc
Crema de leche, 500 cc
Piel de 1 naranja
Yemas, 8
Azúcar impalpable, 160 g
Esencia de vainilla

MONTAJE
Azúcar para espolvorear

Preparación

CREMA
Hacer un caramelo rubio con el azúcar y el agua. Retirar del fuego y perfumar con el gin. Reservar.

Poner en una cacerolita la leche, la crema y la piel de naranja. Llevar a hervor. Volcar sobre el caramelo e integrar. Descartar la piel de naranja. Dejar enfriar.

En un bol batir apenas las yemas con el azúcar impalpable. Verter sobre el batido la mezcla de crema, agregar la esencia y revolver.

Distribuir la preparación en cazuelas individuales enmantecadas.

Hornear a baño de María de 20 a 25 minutos o hasta que esté firme al tacto. Enfriar en la heladera.

MONTAJE
Espolvorear con azúcar la superficie de cada postre y quemar con un soplete. Servir de inmediato.

Sopa de alubias negras con morcilla y manzanas

Ingredientes

SOPA
Alubias negras, 400 g
Pimiento verde, 1
Tomates, 3
Ajo, 2 dientes
Blanco de 2 puerros
Cebolla cloutée, 1
Bouquet garni
Aceite de oliva
Vino blanco, 200 cc
Caldo de verduras, 1 litro
Sal, pimienta

GUARNICIÓN
Manzanas Golden, 3
Manteca para saltear
Morcillas negras, 2

Preparación

SOPA
Remojar las alubias en agua fría con sal durante 8 horas. Escurrir y ubicar en una cacerola junto con el pimiento, los tomates, el ajo, los puerros, la cebolla y el bouquet garni. Rociar con un chorrito de aceite de oliva y bañar con el vino.
Llevar a hervor, bajar la llama y tapar, dejando una pequeña abertura. Cocinar aproximadamente 1 y 1/2 hora, hasta que las alubias estén tiernas.
Procesar la preparación junto con el caldo hasta lograr la consistencia deseada. Pasar por un chino fino. Ajustar la sazón con sal y pimienta. Recalentar.

GUARNICIÓN
Cortar las manzanas con piel en rodajas de 5 mm de espesor. Sellar de ambos lados en una sartén con manteca. Incorporar las morcillas cortadas en rodajas, sin piel, y con cuidado saltearlas de ambos lados.

MONTAJE
Servir la sopa en platos hondos. Colocar encima una rodaja de manzana, dos de morcilla y otra de manzana. Decorar con un hilo de aceite de oliva.

Patas de pollo rellenas, salsa de mostaza y orégano, papas gratinadas

Ingredientes

PATAS
Cebolla, 1
Aceite de oliva
Jamón cocido, 200 g
Queso pategrás, 200 g
Patas de pollo con muslo, 8
Perejil picado
Sal, pimienta

GUARNICIÓN
Papa chicas, 8
Manteca, 20 g
Ajo picado, 2 dientes
Tomates concassé, 3
Extracto de tomate, 1 cucharadita
Pimentón, 1 cucharadita
Salsa bechamel, 200 g
Crema de leche, 200 cc
Menta fresca

SALSA
Pimiento verde, 1
Blanco de 2 puerros
Vino blanco, 100 cc
Caldo de ave, 200 cc
Mostaza de Dijon, 40 g
Orégano fresco

Preparación

PATAS
Cortar la cebolla en brunoise y saltear en una sartén con aceite de oliva. Incorporar el jamón cortado en juliana y cocinar de 2 a 4 minutos más. Retirar y mezclar con el queso rallado, el perejil, sal y pimienta.
Deshuesar las patas de pollo con muslo como se explica en la página 18. Rellenar con la preparación anterior, cerrar con palillos y acomodar en una asadera limpia. Hornear a 180°C durante 20 minutos.

GUARNICIÓN
Lavar las papas con un cepillo. Hervir a partir de agua fría hasta que estén tiernas, pero aún firmes. Cortar por el medio y colocar sobre una asadera. Salpimentar y reservar.
Fundir la manteca en una sartén Agregar el ajo, los tomates, el extracto y el pimentón. Freír unos instantes, retirar y unir con la bechamel y la crema. Condimentar con sal, pimienta y menta. Volcar sobre las papas y gratinar 10 minutos en el horno a 180°C.

SALSA
Cortar en brunoise el pimiento y los puerros. Rehogar en una sartén con aceite de oliva. Desglasar con el vino. Incorporar el caldo, la mostaza y el orégano. Cocinar 5 minutos y salpimentar.

MONTAJE
Servir en una fuente los muslos y la guarnición de papas. Salsear.

Parfait crocante de dulce de leche

Ingredientes

BASE
Chocolate amargo, 100 g
Manteca, 50 g
Glucosa, 1 cucharada
Arroz inflado, 200 g

PARFAIT
Gelatina sin sabor, 7 g
Dulce de leche, 200 g
Crema de leche, 300 cc
Azúcar, 200 g
Agua, 100 cc
Huevos, 2
Yemas, 4

Preparación

BASE
Derretir el chocolate con la manteca a baño de María. Agregar la glucosa y dejar que se funda. Fuera del fuego incorporar el arroz inflado y mezclar.
Colocar la preparación en un molde desmontable de 24 cm de diámetro. Emparejar con el dorso de una cuchara húmeda.

PARFAIT
Hidratar la gelatina con un poco de agua y calentar hasta que se disuelva. Añadirla al dulce de leche. Incorporar la mitad de la crema y mezclar. Batir a 3/4 de punto el resto de la crema. Reservar por separado.
Con el azúcar y el agua hacer un almíbar a 118°C.
Batir a blanco los huevos y las yemas. Incorporar el almíbar en forma de hilo. Seguir batiendo hasta enfriar.
Agregar la mezcla de dulce de leche e integrar. Unir con la crema batida.
Colocar en el molde, sobre la base. Refrigerar durante 4 horas. Desmoldar.

MONTAJE
Servir la torta en una fuente redonda. Decorar con arroz inflado.

Crema de batatas con langostinos, su jugo a la canela

Ingredientes

CREMA
Cebollas, 2
Manteca, 30 g
Batatas, 500 g
Vino blanco, 300 cc
Tomillo fresco
Guindilla, 1
Caldo de verduras, 500 cc
Sal, pimienta
Crema de leche, 200 cc

GUARNICIÓN
Langostinos, 16
Manteca, 30 g
Vino blanco, 100 cc
Fumet de pescado, 300 cc
Canela en polvo, 1 pizca
Aceite de oliva, 200 cc

MONTAJE
Batatas paille

Preparación

CREMA
Picar las cebollas. Sudar en una cacerola con la manteca. Añadir las batatas peladas y cortadas en mirepoix. Saltear por unos minutos. Agregar el vino, el tomillo y la guindilla; reducir. Verter caldo a altura y cocinar hasta que las batatas estén tiernas. Descartar las aromáticas.
Procesar la preparación, pasar por un tamiz y salpimentar. Incorporar la crema de leche para suavizar la textura. A último momento, recalentar.

GUARNICIÓN
Limpiar los langostinos y guardar las cabezas. Salpimentar los langostinos y saltear en una sartén con la manteca. Retirar y reservar al calor.
Colocar en la sartén las cabezas de los langostinos. Saltear por unos minutos. Desglasar con el vino y reducir. Cubrir con fumet y cocinar hasta que se reduzca a la mitad. Filtrar y condimentar con sal, pimienta y canela. A último momento, montar con el aceite de oliva.

MONTAJE
Servir la crema de batatas con los langostinos salteados. Rociar con gotas del jugo de langostinos y decorar con batatas paille.

Repollo estofado con costillitas de cerdo a la pimienta

Ingredientes

ESTOFADO
Panceta fresca, 300 g
Cebollas, 2
Repollos blancos, 2
Aceite neutro
Costillas de cerdo, 8
Granos de pimienta negra, 20 g
Bouquet garni
Ajo, 1 cabeza
Hueso de jamón crudo, 1
Caldo de verduras, 1 litro
Miel, 1 cucharada
Mostaza de Dijon, 1 cucharada
Vinagre blanco, 40 cc
Sal, pimienta

MONTAJE
Pan de campo, 8 rodajas
Ralladura de limón
Aceite de oliva

Preparación

ESTOFADO
Cortar la panceta en daditos. Picar las cebollas. Cortar los repollos en juliana muy fina.
Saltear la panceta en una cacerola con un fondo de aceite. Pasar las costillas por la pimienta ecrassé y salar. Sellar de ambos lados en la cacerola. Reservar en un recipiente auxiliar.
Añadir a la cacerola las cebollas, los repollos, el bouquet garni, la cabeza de ajo entera y el hueso de jamón. Bañar con el caldo.
Acomodar encima las costillas y cocinar a fuego suave, sin tapar, durante 1 hora.
Incorporar la miel, la mostaza y el vinagre. Rectificar la sazón con sal y pimienta.
Descartar el bouquet garni, el ajo y el hueso.

MONTAJE
Servir en una fuente el estofado de repollo y las costillas. Acompañar con tostadas de pan de campo aderezadas con ralladura de limón y aceite de oliva.

Pan de especias, peras al vino, sorbete de grosellas negras

Ingredientes

PAN
Semillas de anís, 1/2 cucharada
Canela en polvo, 1/2 cucharada
Nuez moscada rallada, 1/2 cucharada
Clavo de olor picado, 1/2 cucharada
Bayas de enebro picadas, 4
Ralladura de 2 naranjas
Miel, 200 g
Azúcar, 200 g
Manteca, 225 g
Agua, 300 cc
Harina de maíz, 220 g
Harina de trigo, 220 g
Levadura seca, 14 g
Azúcar negra, 80 g

PERAS
Peras, 4
Canela, 1 rama
Piel de 1 naranja y de 1 limón
Azúcar, 140 g
Vino tinto, 500 cc
Agua, 200 cc

SORBETE
Grosellas negras, 200 g
Agua, 100 cc
Azúcar, 80 g
Kirsch, 40 cc

Preparación

PAN
Combinar en una cacerola las especias, la ralladura de naranja, la miel, el azúcar, la manteca y el agua. Hervir durante 5 minutos y enfriar ligeramente. Pasar a un bol. Incorporar las harinas y la levadura. Unir y amasar hasta lograr una textura homogénea. Dejar reposar 2 horas.
Enmantecar un molde de 10 por 10 por 20 cm y espolvorearlo con el azúcar negra. Verter dentro la pasta. Hornear a 170°C durante 45 minutos.

PERAS
Pelar las peras sin quitarles el cabito. Colocarlas en una olla con la canela, la piel de los cítricos, el azúcar, el vino y el agua. Cocinar hasta que estén tiernas.

SORBETE
Poner en una cacerolita las grosellas, el agua y el azúcar. Hervir durante 5 minutos. Procesar y pasar por un tamiz. Añadir el kirsch. Llevar al freezer hasta que se formen cristales. Antes de servir, romper los cristales.

MONTAJE
Servir en una fuente las peras sobre rodajas del pan de especias. Acompañar con el sorbete.

Ensalada tibia de mollejas y akusay, vinagreta de mostaza con jengibre

Ingredientes

MOLLEJAS
Mollejas de corazón, 1 kilo
Huevos, 3
Pan rallado, 300 g
Hierbas frescas
Sal, pimienta
Aceite para freír

ENSALADA
Zanahorias, 2
Akusay, 2 plantas
Manteca, 50 g
Radicchio, 500 g
Endibias, 4

VINAGRETA
Mostaza de Dijon, 1 cucharada
Pimienta verde, 20 g
Vinagre de vino tinto
Aceite de oliva, 200 cc
Jengibre fresco rallado, 1 pizca

Preparación

MOLLEJAS
Remojar las mollejas en agua fría por 12 horas. Limpiar de membranas externas. Blanquear a partir de agua fría salada por 6 minutos desde que rompa el hervor. Dejar enfriar.
Batir ligeramente los huevos. Saborizar el pan rallado con hierbas frescas picadas.
Cortar las mollejas en láminas. Salpimentar. Pasar por el batido y rebozar con el pan. Freír en aceite hasta dorar.

ENSALADA
Obtener noissettes de zanahorias. Blanquear.
Cortar el akusay en juliana. Saltear a fuego vivo en una sartén con la manteca. Incorporar las zanahorias y salpimentar.
Limpiar las hojas del radicchio y de las endibias. Reservar.

VINAGRETA
Unir en un bol la mostaza, la pimienta, algo de sal y el vinagre. Emulsionar con el aceite y perfumar con el jengibre rallado.

MONTAJE
Repartir en los platos el radicchio y las endibias. Disponer el salteado de zanahorias y akusay. Ubicar encima las mollejas y salsear con la vinagreta.

Bondiola grillada, compota de garbanzos, torta de sémola

Ingredientes

COMPOTA
Garbanzos, 200 g
Pimientos rojos, 2
Zucchini, 2
Berenjenas, 2
Aceite de oliva
Tomates perita, 4
Cinco especias chinas
Caldo de verduras, 300 cc
Sal, pimienta

TORTA
Agua, 1 litro
Sémola, 300 g
Manteca, 150 g
Nuez moscada
Yemas, 4
Salsa de tomate, 100 cc
Manteca derretida para rociar
Queso parmesano, 150 g

BONDIOLA
Bondiola de cerdo, 1,6 kilo
Aceite de oliva, 100 cc
Salvia fresca

Preparación

COMPOTA
Remojar los garbanzos en agua fría por 8 horas. Cocinar en una cacerola con agua a altura hasta que estén tiernos; escurrir. Cortar en brunoise los pimientos, el zucchini y la piel de las berenjenas. Rehogar, junto con los garbanzos, en una cacerola con aceite de oliva. Incorporar los tomates concassé, las especias y el caldo. Salpimentar.

TORTA
Hervir el agua en una cacerola. Salpimentar. Echar la sémola en forma de lluvia y cocinar 5 minutos, revolviendo. Fuera del fuego agregar la manteca cortada en cubos, la nuez moscada y las yemas. Revolver hasta lograr una masa firme. Volcar sobre una placa y formar una capa de 2 cm de altura. Cortar discos de 5 a 7 cm de diámetro. Disponer la mitad de ellos en una placa enmantecada, untar con salsa de tomate reducida y cubrir con los discos restantes. Rociar con manteca derretida y espolvorear con parmesano rallado. Gratinar en el horno a 180°C por 10 minutos.

BONDIOLA
Desgrasar la bondiola y cortar en 16 escalopes. Salpimentar y rociar con el aceite de oliva saborizado con salvia. Sellar de ambos lados en una sartén antiadherente, a fuego vivo.

MONTAJE
Servir en platos precalentados un lecho de compota de garbanzos, encima los escalopes de bondiola y a un costado la torta de sémola.

Marquise de chocolate y té earl grey, salsa de frambuesas

Ingredientes

BASE
Yemas, 6
Azúcar, 50 g
Chocolate semiamargo, 150 g
Mermelada de frambuesa, 50 g
Claras, 3

MARQUISE
Crema de leche, 150 cc
Té earl grey, 6 g
Yemas, 6
Azúcar, 150 g
Leche, 250 cc
Chocolate semiamargo, 350 g
Manteca, 200 g

SALSA
Frambuesas congeladas, 200 g
Almíbar, 150 cc
Jugo de 1/2 limón

MONTAJE
Menta fresca

Preparación

BASE
Batir las yemas con la mitad del azúcar. Unir con el chocolate fundido a baño de María. Agregar la mermelada. Batir las claras con el resto del azúcar e incorporarlas.
Colocar en una placa con papel manteca enmantecado. Hornear a 170°C por 25 minutos.
Forrar con film un molde para terrina. Cortar un rectángulo de marquise del tamaño del molde y ubicarlo adentro.

MARQUISE
Colocar en una ollita la crema y el té, llevar a hervor y filtrar. Batir en un bol las yemas con la mitad del azúcar. Reservar por separado.
En una cacerola, calentar la leche con el resto del azúcar. Agregar la crema y las yemas. Cocinar, revolviendo siempre, hasta que nape la cuchara.
Verter en un bol, sobre el chocolate picado. Mezclar hasta homogeneizar. Añadir la manteca a punto pomada e integrar.
Volcar en el molde, sobre la base. Llevar a la heladera por 4 horas.

SALSA
Procesar la mitad de las frambuesas con el almíbar y el jugo de limón. Pasar por un tamiz y agregar las frambuesas restantes.

MONTAJE
Cortar el postre en tajadas y servir en los platos. Rociar con la salsa y decorar con hojas de menta.

Recetas para ocasiones especiales

PLATO PRINCIPAL

ENTRADA

POSTRE

Paté crujiente de cordero, crema de cebollas y salvia

Ingredientes

PATÉ
Cebollas, 2
Blanco de 2 puerros
Ajo, 2 dientes
Grasa de cerdo, 200 g
Romero, 1 ramita
Paleta de cordero sin hueso, 500 g
Hígado de ave, 200 g
Vino blanco, 100 cc
Oporto, 100 cc
Huevos, 4
Dátiles, 50 g
Sal, pimienta
Masa filo, 300 g
Manteca clarificada, 100 cc

CREMA
Cebollas, 2
Crema de leche, 200 cc
Menta fresca
Pasas de uva rubias, 50 g

MONTAJE
Tostadas de pan de salvado
Berro, radicchio

Preparación

PATÉ
Picar las cebollas, los puerros y el ajo. Rehogar en una sartén amplia con 1 cucharada de grasa y el romero. Incorporar 2 cucharadas más de grasa y la paleta cortada en dados pequeños; cocinar a fuego vivo. Añadir el hígado de ave entero y dorarlo. Mojar con el vino y el oporto. Dejar que se evapore el alcohol y retirar del fuego. Descartar el romero. Procesar la preparación junto con los huevos. Salpimentar y agregar los dátiles picados groseramente.
Superponer de a tres las hojas de masa filo, pincelando con manteca clarificada. Fonsear con una parte un molde para terrina de 1 kilo. Llenar con el paté, cubrir con el resto de la masa y realizar dos chimeneas. Hornear a 160°C de 30 a 40 minutos.

CREMA
Cocinar las cebollas en una ollita con agua hasta que esté tierna; escurrir. En otro recipiente, hervir la crema con la menta; filtrar. Procesar la cebolla con la crema. Pasar por un tamiz, colocar en una cacerolita y cocinar a fuego suave hasta que tome cuerpo. Incorporar las pasas y salpimentar.

MONTAJE
Cortar el paté en porciones. Servir en una fuente rectangular, con tostadas de pan de salvado y hojas de berro y radicchio. Presentar la salsa en salsera.

Pechuga de pavo con oporto y peras, papas avinagradas

Ingredientes

PECHUGA
Manteca, 200 g
Hierbas frescas picadas, 1 cucharada
Ralladura de 1 limón
Jengibre fresco
Sal, pimienta
Pechuga de pavo, 3 kilos

GLASEADO
Jugo de peras, 1 litro
Oporto, 300 cc
Manteca, 200 g
Salvia seca, 1 cucharada
Miel, 50 cc
Caldo de ave, 1 litro

GUARNICIÓN
Papas, 800 g
Manteca, 50 g
Aceto balsámico, 200 cc
Perejil picado

MONTAJE
Aceite de perejil (pág. 47)
Bouquet de hierbas

Preparación

PECHUGA
En un bol mezclar la manteca pomada con las hierbas, la ralladura de limón, jengibre rallado, sal y pimienta. Repartir sobre 8 trozos de film y envolver formando cilindros de 1 cm de diámetro. Congelar.
Realizar en la pechuga de pavo 8 incisiones profundas. Insertar un cilindro de manteca en cada incisión. Ubicar la pechuga en una placa y reservar.

GLASEADO
Colocar todos los ingredientes en una cacerola. Llevar al fuego y reducir a la mitad. Rociar la pechuga.
Hornear a 140°C, rociando a menudo con el glaseado, durante 2 horas o hasta que la temperatura interna llegue a 65°C.

GUARNICIÓN
Cortar las papas en rodajas de 2 cm de espesor. Blanquear en agua hirviendo por 10 minutos.
Escurrir las papas y dorarlas a fuego medio en una sartén con la manteca. Incorporar el aceto y dejar que se forme un almíbar liviano. Salpimentar. Espolvorear con perejil.

MONTAJE
Trinchar la pechuga. Servirla tibia, en una fuente con las papas. Salsear con el resto del glaseado. Decorar con aceite de perejil y un bouquet de hierbas.

Panettone de chocolate blanco y piñones, jarabe de cítricos

Ingredientes

PANETTONE
Huevos, 4
Azúcar, 100 g
Chocolate blanco, 150 g
Manteca, 200 g
Medialunas, 2
Limoncello, 30 cc
Harina 0000, 100 g
Ralladura de 1 limón
Piñones, 50 g
Polvo para hornear, 1 cucharadita

JARABE
Jugo de naranja, 200 cc
Jugo de limón, 50 cc
Ralladura de 1 naranja y de 1 limón
Azúcar, 90 g

MONTAJE
Helado cremoso de chocolate

Preparación

PANETTONE
Batir a blanco los huevos con el azúcar.
Derretir a baño de María el chocolate con la manteca. Unir con el batido.
Incorporar las medialunas desmigajadas y embebidas en el limoncello. Añadir la harina mezclada con la ralladura, los piñones y el polvo para hornear.
Colocar la preparación en un molde savarin de 24 cm de diámetro, enmantecado y enharinado. Hornear a 160°C por 40 minutos.

JARABE
Colocar en una cacerolita los jugos y las ralladuras de los cítricos junto con el azúcar. Cocinar a fuego suave hasta que se forme un jarabe.

MONTAJE
Servir el panettone tibio, cortado en porciones. Acompañar con helado cremoso de chocolate. Decorar con el jarabe.

Página 72 / Timbal de berenjenas, farfalle de rúcula con manteca de salvia

Salmón envuelto en berenjenas, tagliatelle de pimentón

Ingredientes

SALMÓN
Berenjenas, 4
Aceite de oliva
Salmón blanco, 1 filete de 800 g
Sal, pimienta, eneldo
Langostinos pelados, 250 g

PASTA
Harina 000, 400 g
Sal, 5 g
Pimentón, 1 cucharadita
Huevos, 3
Aceite de oliva, 50 cc

SALSA
Ajo, 2 dientes
Tomates, 4
Orégano fresco

MONTAJE
Grisines con pimentón

Preparación

SALMÓN
Cortar las berenjenas en láminas muy finas. Untar ligeramente con aceite de oliva y grillar. Disponer las láminas una junto a otra sobre un trozo de film, formando un rectángulo.
Emparejar el grosor del salmón, salpimentar y colocar sobre las berenjenas. Ubicar encima una hilera de langostinos y condimentar con eneldo. Enrollar, cuidando que el pescado quede bien envuelto con las berenjenas.
Colocar en una placa y hornear a 180°C de 20 a 30 minutos.

PASTA
Colocar la harina, la sal y el pimentón en forma de corona sobre la mesada. Poner en el centro los huevos y el aceite. Unir y amasar 10 minutos. Tapar con film y dejar reposar 30 minutos.
Estirar la masa y cortar tagliatelle que no superen los 5 cm de largo. A último momento, hervir en abundante agua con sal de 4 a 6 minutos.

SALSA
En una sartén con aceite de oliva, saltear el ajo picado y los tomates concassé. Perfumar con orégano fresco y cocinar a fuego medio 5 minutos. Salpimentar.

MONTAJE
Servir en una fuente la pasta con la salsa. Disponer encima el rollo de salmón cortado en porciones. Decorar con grisines con pimentón y orégano fresco.

Cordero en croûte de hierbas y frutos secos, couscous mediterráneo

Ingredientes

CROÛTE
Frutos secos pelados y tostados,
   200 g
Hierbas frescas picadas,
   2 cucharadas
Miga de pan rallada, 200 g
Manteca, 100 g
Coñac, 20 cc
Sal, pimienta

CORDERO
Costillar de cordero, 1 de 1,2 kilo
Mostaza en grano, 1 cucharada
Mostaza en polvo, 1 cucharada
Vino blanco, 50 cc

GUARNICIÓN
Couscous, 200 g
Caldo de verduras, 400 cc
Pimiento rojo, 1
Zucchini, 2
Berenjena, 1
Aceite de oliva

MONTAJE
Hojas verdes

Preparación

CROÛTE
Procesar los frutos secos con las hierbas, la miga de pan, la manteca y el coñac. Salpimentar.

CORDERO
Retirar el cuero de las costillas. Limar el hueso hasta la mitad y envolver con papel de aluminio. Doblar el costillar de modo que las costillas se crucen, para formar la corona. Salpimentar y ubicar en una placa. Sellar por 10 minutos en el horno a 200°C.
En un bol combinar ambas mostazas con el vino. Pintar la corona con la mezcla. Esparcir la croûte con ayuda de una cuchara húmeda. Asar durante 20 minutos en horno moderado.

GUARNICIÓN
Colocar el couscous en un bol, cubrir con el caldo tibio y dejar reposar hasta que se hidrate. Remover con dos tenedores para separar los granos.
Cortar en brunoise el pimiento, los zucchini y la berenjena. Rehogar en una sartén con aceite de oliva. Incorporar el couscous y saltear unos minutos. Salpimentar.

MONTAJE
Servir la corona de cordero en una fuente redonda, con la guarnición en el hueco. Decorar con hojas verdes aderezadas a gusto.

Torta de chocolate y castañas, salsa de cítricos al té

Ingredientes

TORTA
Chocolate negro, 160 g
Manteca, 80 g
Huevos, 4
Azúcar impalpable, 80 g
Puré de castañas, 120 g
Esencia de vainilla
Coñac, 50 cc
Café instantáneo, 1 cucharadita
Agua, 50 cc
Harina 0000, 50 g

SALSA
Agua, 300 cc
Azúcar, 150 g
Hebras de té verde, 4 g
Gajos de cítricos pelados a vivo,
   200 g

Preparación

TORTA
Derretir a baño de María el chocolate con la manteca.
Batir a blanco los huevos con el azúcar impalpable.
Mezclar ambas preparaciones con el puré de castañas.
Perfumar con la esencia de vainilla, el coñac y el café disuelto en el agua.
Incorporar la harina y unir con suavidad para integrar bien todo.
Verter la preparación en un molde cuadrado de 25 cm de lado, enmantecado y enharinado. Hornear a 180°C durante 25 minutos.

SALSA
Colocar el agua y el azúcar en una cacerolita. Llevar sobre fuego medio y cocinar por 5 minutos desde que rompa el hervor.
Fuera del fuego añadir las hebras de té. Tapar y dejar en infusión durante 10 minutos.
Colar dejando caer el líquido en un bol, sobre los gajos de cítricos. Enfriar en la heladera.

MONTAJE
Servir la torta cortada en porciones, con la salsa.

Terrina de mejillones, crema de coliflor y wasabi

Ingredientes

TERRINA
Blanco de 2 puerros
Cebolla, 1
Manteca, 30 g
Estragón, pimienta de Cayena
Mejillones limpios, 500 g
Zucchini, 2
Yemas, 4
Crema de leche, 200 cc
Salsa de soja, 20 cc

CREMA
Coliflor, 1
Vinagre blanco, 20 cc
Crema de leche, 400 cc
Pasta de wasabi, 10 g
Sal, pimienta

MONTAJE
Tostadas de pan de maíz
Pakchoi

Preparación

TERRINA
Picar los puerros y la cebolla. Rehogar en una sartén con manteca. Sazonar con estragón y pimienta de Cayena. Fuera del fuego agregar la mitad de los mejillones y los zucchini rallados.
Procesar la preparación junto con las yemas. Adicionar el resto de los mejillones y la crema. Condimentar con la salsa de soja.
Colocar en molde para terrina. Hornear a baño de María durante 35 minutos. Dejar enfriar y desmoldar.

CREMA
Separar las flores de coliflor, practicar un corte en cruz en el cabito y cocinar en agua hirviendo con el vinagre hasta que estén tiernas. Procesar. Mezclar con la crema y el wasabi. Calentar en una cacerola y salpimentar.

MONTAJE
Cortar la terrina en rebanadas, colocarlas sobre las tostadas y disponerlas en una fuente. Servir con la crema de coliflor. Acompañar con pakchoi aderezado a gusto.

Conejo en crépine, salsa de habas, pasta con aceite de rúcula

Ingredientes

CONEJO
Hinojos, 2
Acelga de hoja, 300 g
Aceite de oliva
Blanco de ave, 250 g
Crema de leche, 200 cc
Sal, pimienta
Conejo, 1 de 1,5 kilo
Crépine, 300 g

SALSA
Habas congeladas, 200 g
Caldo de carne, 300 cc
Vinagre de jerez, 20 cc
Aceite de oliva, 200 cc

GUARNICIÓN
Rúcula, 200 g
Vinagre de jerez, 50 cc
Aceite de oliva, 200 cc
Pasta seca, 300 g

Preparación

CONEJO
Cortar en juliana gruesa los hinojos y las hojas de la acelga. Saltear en una sartén con aceite de oliva, a fuego fuerte, por 2 o 3 minutos. Reservar.
Procesar el blanco de ave con la crema de leche. Pasar a un bol y mezclar con las verduras salteadas. Salpimentar.
Deshuesar el conejo de modo que quede entero y abierto. Salpimentar.
Colocar la crépine sobre una tabla, formando un rectángulo mayor que el conejo. Disponer el conejo encima de la crépine y acomodar la carne para darle forma rectangular.
Colocar el relleno en una franja central a lo largo del conejo. Doblar la carne de ambos lados para cubrir el relleno. Envolver con la crépine. Pasar a una placa y hornear a 180°C por 45 minutos.

SALSA
Descongelar las habas. Procesarlas con el caldo caliente. Salpimentar y aligerar con el vinagre. Montar en caliente con el aceite de oliva.

GUARNICIÓN
Procesar la rúcula con el vinagre, sal y pimienta. Pasar por un tamiz y emulsionar con el aceite de oliva.
Hervir la pasta al dente. Salsear con la preparación de rúcula.

MONTAJE
Cortar el conejo en porciones. Servir en una fuente, con la pasta.

Strudel de peras y avellanas, salsa de damascos turcos

Ingredientes

MASA
Harina 0000, 180 g
Sal, 1 pizca
Agua, 70 cc
Huevo, 1
Aceite, 1 cucharada

RELLENO
Peras, 4
Manteca, 40 g
Azúcar, 50 g
Coñac, 30 cc
Mermelada de ciruelas, 60 g
Avellanas peladas y tostadas, 50 g

ARMADO
Manteca clarificada para pincelar
Bizcochos molidos, 100 g

SALSA
Agua, 200 cc
Azúcar, 100 g
Damascos turcos, 200 g
Kirsch, 20 cc

MONTAJE
Helado de canela

Preparación

MASA
Colocar la harina y la sal en forma de corona sobre la mesada. Poner en el centro el agua, el huevo y el aceite. Incorporar la harina de a poco hasta formar un bollo tierno y liso. Darle 50 golpes contra la mesada. Envolver en film y dejar reposar 1 hora a temperatura ambiente. Estirar la masa con el palote. Deslizar las manos por debajo, cerrar los puños y levantar la masa. Seguir estirando con los nudillos hasta que resulte transparente.

RELLENO
Pelar las peras, quitarles las semillas y cortar en dados. Saltear en una sartén con la manteca. Incorporar el azúcar, flamear con el coñac y retirar del fuego. Mezclar con la mermelada y las avellanas picadas.

ARMADO
Cortar un rectángulo de masa de 50 cm por 40 cm. Pincelar con manteca clarificada. Esparcir los bizcochos junto a uno de los lados y acomodar encima el relleno, en una franja. Enrollar y pasar a una placa. Hornear a 180°C de 30 a 40 minutos.

SALSA
Llevar a hervor el agua y el azúcar. Agregar los damascos cortados en cuartos. Cocinar 10 minutos o hasta que el almíbar llegue a 110°C. Fuera del fuego perfumar con el kirsch.

MONTAJE
Cortar el strudel en porciones. Servir en una fuente, con la salsa. Acompañar con helado de canela.

Terrina diferente de pulpo a la gallega

Ingredientes

PULPO
Pulpo, 1 kilo
Cebolla, 1
Pimiento verde, 1
Tomate, 1
Ajo, 1/2 cabeza
Laurel, 1 hoja
Vino blanco, 200 cc
Aceite de oliva, 50 cc

PAPAS
Papas, 500 g
Manteca, 30 g
Sal, pimienta

TERRINA
Sal marina
Pimentón
Aceite de oliva

MONTAJE
Hojas verdes
Vinagreta clásica

Preparación

PULPO
Precalentar el horno a 220ºC. Limpiar los tentáculos del pulpo, separarlos de la cabeza y ponerlos en una placa. Añadir las verduras cortadas en mirepoix, el laurel, el vino y el aceite. Tapar con papel de aluminio. Hornear durante 45 minutos. Probar el punto y, si fuera necesario, cocinar por 30 minutos más. Retirar del horno y cortar en láminas.

PAPAS
Pelar las papas y cocinarlas en agua hirviendo. Cortarlas en rodajas de 1 cm de grosor. Dorarlas de ambos lados en una sartén con la manteca. Salpimentar.

TERRINA
Condimentar el pulpo con sal marina, pimienta, pimentón y aceite de oliva. Disponerlo por capas dentro de un molde para terrina, intercalando las papas. Colocar un peso encima de la terrina y llevar a la heladera por 4 horas.

MONTAJE
Cortar la terrina en porciones y servir en los platos, con hojas verdes aderezadas con vinagreta.

Bife especiado, curry de alubias moradas

Ingredientes

CARNE
Bife de ternera, 1,6 kilo
Salsa hoisin, 200 cc
Semillas de mostaza, 80 g
Pimienta ecrassé, 10 g

CURRY
Alubias moradas remojadas, 300 g
Semillas de coriandro, 1 cucharada
Semillas de comino, 1 cucharada
Cebollas, 2
Zanahorias, 2
Ajo, 4 dientes
Aceite neutro, 3 cucharadas
Chile picante
Cúrcuma, 1/2 cucharada
Jengibre fresco rallado, 1/2 cucharada
Almendras molidas, 100 g
Castañas de Cajú, 150 g
Caldo de verduras
Acelga de penca, 400 g
Leche de coco, 200 cc
Jugo de 2 limas
Sal, cilantro fresco

MONTAJE
Hierbas frescas

Preparación

CARNE
Limpiar el bife del exceso de grasa. Pintar con la salsa hoisin y rebozar con la mostaza y la pimienta. Colocar en una placa.
Sellar durante 10 minutos en el horno a 200°C. Bajar la temperatura a 180°C y continuar la cocción por 20 minutos más.

CURRY
Cocinar las alubias en agua salada hasta que estén tiernas. Escurrir y reservar.
En una sartén tostar las semillas de coriandro y de comino hasta que suelten su fragancia. Moler en un mortero. Reservar.
Picar las cebollas y las zanahorias. Saltear, junto con el ajo en camisa, en una cacerola con el aceite. Sazonar con todos los condimentos.
Agregar las almendras y las castañas de Cajú picadas groseramente. Cubrir con caldo liviano. Cocinar lentamente hasta que espese. Incorporar las alubias y las hojas de la acelga cortadas en juliana. Terminar con la leche de coco, el jugo de lima, sal a gusto y un toque de cilantro picado.

MONTAJE
Servir el bife en una fuente, sobre un colchón de curry de alubias. Decorar con hierbas frescas.

Torta suave de mascarpone al café

Ingredientes

BASE
Huevos, 3
Azúcar, 110 g
Café instantáneo, 20 g
Harina 0000, 100 g
Licor de vainilla, 25 cc

CREMA
Yemas, 3
Azúcar impalpable, 80 g
Café líquido, 70 cc
Gelatina sin sabor, 7 g
Leche, 50 cc
Queso mascarpone, 180 g
Crema de leche, 180 g

CUBIERTA
Chocolate amargo, 150 g
Crema de leche, 150 g

MONTAJE
Glucosa, 2 cucharadas
Granos de café

Preparación

BASE
Batir a blanco los huevos con el azúcar y el café. Retirar de la batidora y agregar en forma envolvente la harina tamizada. Colocar la preparación dentro de un aro de 24 cm de diámetro, enmantecado y enharinado. Hornear a 180°C durante 10 minutos. Retirar y dejar enfriar. Embeber con el licor.

CREMA
Mezclar en un bol las yemas, el azúcar y el café.
Hidratar la gelatina en la leche, calentar hasta que se disuelva y añadirla.
Incorporar el mascarpone y la crema semibatida.
Volcar en el aro, sobre la base. Llevar a la heladera por 4 horas.

CUBIERTA
Calentar la crema en una cacerolita hasta que hierva. Verter en un bol, sobre el chocolate picado. Dejar reposar 2 minutos. Revolver para integrar.
Desmoldar la torta sobre una rejilla, bañarla con la cubierta y dejar orear.

MONTAJE
Mezclar la glucosa con algunos granos de café. Extender sobre un papel siliconado. Cocinar en horno moderado hasta que tome color caramelo. Retirar y dejar enfriar, para obtener un crocante.
Servir la torta en una fuente. Decorar con el crocante.

Ostras a la regganatti, escarola con ajada de pimentón

Ingredientes

OSTRAS
Ajo, 2 dientes
Perejil picado, 4 cucharadas
Queso parmesano, 200 g
Aceite de oliva, 2 cucharadas
Pan rallado, 100 g
Sal, pimienta
Ostras, 2 kilos
Jugo de 1 limón
Pimienta de Cayena

GUARNICIÓN
Escarola
Aceite de oliva, 200 cc
Ajo, 6 dientes
Pimentón, 1 cucharadita
Tomillo fresco

MONTAJE
Gajos de limón

Preparación

OSTRAS
Mezclar en un bol el ajo y el perejil picados con el parmesano rallado y el aceite de oliva. Espesar con el pan rallado. Salpimentar y reservar. Lavar las ostras con un cepillo. Abrirlas con ayuda de un abreostras. Descartar la valva vacía de cada ostra. Para separar las ostras de las valvas donde han quedado, cortar el músculo de unión. Limpiar de arena.
Sin sacar las ostras de sus valvas, condimentar con jugo de limón y pimienta de Cayena. Cubrir con la preparación reservada. Colocar en una placa. Gratinar durante 5 minutos en el horno a 200°C.

GUARNICIÓN
Lavar bien las hojas de escarola.
Colocar en una cacerolita el aceite de oliva, los dientes de ajo enteros, el pimentón y el tomillo. Llevar al fuego hasta que los ajos empiecen a dorarse. Filtrar y rociar la escarola con esta ajada.

MONTAJE
Servir las ostras en una fuente, con la escarola en el centro. Decorar con gajos de limón.

Lasaña al negro de sepia con ragú de calamares

Ingredientes

MASA
Harina 0000, 600 g
Sal, 10 g
Huevos, 6
Tinta de calamar, 2 sobres
Fumet de pescado, 50 cc

RAGÚ
Cebollas, 2
Pimiento rojo, 1
Ajo, 3 dientes
Aceite de oliva
Tubos de calamar, 500 g
Vino blanco, 150 cc
Tomates en lata, 600 cc
Laurel, tomillo
Sal, pimienta

ACEITE DE ALBAHACA
Albahaca, 200 cc
Aceite de oliva, 100 cc

Preparación

MASA
Colocar la harina y la sal en forma de corona sobre la mesada. Poner en el centro los huevos y la tinta de calamar diluida en el fumet tibio. Unir y amasar 10 minutos. Tapar con film y dejar reposar 30 minutos. Estirar la masa y cortar cuadrados de 20 cm de lado. Blanquear en agua hirviendo con sal. Reservar en un bol con agua helada.

RAGÚ
Picar las cebollas, el pimiento y el ajo. Cortar los tubos de calamar en cuadrados de 1 cm de lado. Reservar.
Rehogar los vegetales en una sartén con aceite de oliva. Incorporar los calamares y cocinar a fuego suave durante 10 minutos.
Desglasar con el vino. Agregar los tomates y las aromáticas. Seguir cocinando hasta que los calamares estén tiernos. Salpimentar y reservar al calor.

ACEITE DE ALBAHACA
Procesar las hojas de albahaca con el aceite de oliva.

MONTAJE
Regenerar la pasta en agua hirviendo. Colocar un cuadrado en cada plato, cubrir con ragú y repetir la operación. Decorar con el aceite de albahaca.

Tortino tibio de chocolate y peras, salsa de aceto balsámico

Ingredientes

PERAS
Peras Williams, 2
Vino blanco, 300 cc
Piel de 1 limón
Canela en rama
Azúcar, 120 g

TORTINO
Masa quebrada (pág. 86), 300 g
Yemas, 4
Azúcar, 150 g
Chocolate amargo, 200 g
Manteca, 100 g
Harina 0000, 60 g
Licor amaretto, 30 cc
Almendras, 50 g

SALSA
Azúcar, 100 g
Agua, 50 cc
Aceto balsámico, 70 cc
Crema de leche, 200 cc

MONTAJE
Azúcar impalpable
Almendras fileteadas, 50 g

Preparación

PERAS
Pelar las peras. Colocarlas en una cacerola con el vino, la piel del limón, la canela y el azúcar. Cocinar hasta que estén tiernas, pero aún firmes. Enfriar y cortar en cubos de 1,5 cm de lado.

TORTINO
Estirar la masa quebrada hasta dejarla de 3 mm de espesor. Cortar discos de 8 cm de diámetro. Ubicar en una placa. Hornear a 180°C por 5 minutos. Reservar.
Batir a blanco las yemas con el azúcar. Derretir a baño de María la manteca con el chocolate; incorporar al batido. Añadir la harina y el licor. Llevar a heladera por 1 hora. Agregar las peras.
Ubicar cada disco de masa en la base de un aro. Repartir encima la preparación de chocolate. Esparcir las almendras. Hornear a 180°C durante 10 minutos.

SALSA
Colocar en una cacerola el azúcar y el agua. Cocinar hasta obtener un caramelo color ámbar. Verter el aceto y mezclar. Incorporar la crema y reducir a la mitad.

MONTAJE
Disponer un tortino en el centro de cada plato. Espolvorear con azúcar impalpable. Decorar con la salsa y las almendras fileteadas.

Gazpacho tibio con cigalas

Ingredientes

GAZPACHO
Tomates, 4
Cebolla, 1
Pimiento verde, 1
Pepino, 1/2
Ajo, 1 diente
Fumet de pescado, 150 cc
Puré de tomate, 100 cc
Pan lácteo, 4 rebanadas
Sal, pimienta
Aceite de oliva, 40 cc

GUARNICIÓN
Cigalas, 4
Manteca, 30 g
Coñac, 30 cc

CREMA DE BERRO
Berro, 150 g
Caldo de verduras, 200 cc
Vinagre de sidra, 20 cc

MONTAJE
Tostadas finas de pan lácteo

Preparación

GAZPACHO
Trozar los tomates, la cebolla, el pimiento, el pepino sin piel ni semillas y el ajo. Licuar junto con el fumet y el puré de tomate. Espesar con el pan descortezado. Condimentar con sal, pimienta y el aceite de oliva. Reservar en la heladera.

GUARNICIÓN
Cortar las cigalas por el medio a lo largo. Salpimentar. Saltear por 2 minutos en una sartén con la manteca. Flamear con el coñac.

CREMA
Limpiar el berro, blanquear y procesar junto con el caldo. Condimentar con el vinagre, sal y pimienta.

MONTAJE
Servir el gazpacho en tazones, con las cigalas dispuestas sobre tostadas finas. Decorar con la crema de berro.

Solomillo de cerdo mechado, vegetales confitados

Ingredientes

GLASEADO
Caldo de ave, 500 cc
Pimientas surtidas, 20 g
Peperoncini, 3
Pimentón, 10 g
Mermelada de pomelo, 30 g

SOLOMILLO
Solomillos de cerdo, 4
Jamón crudo, 80 g
Sal, pimienta

GUARNICIÓN
Papines, 800 g
Pimientos rojos, 2
Cebollas, 2
Coliflor, 1
Ajo, 2 dientes
Romero, 1 ramita
Aceitunas negras, 12
Aceite de oliva, 300 cc

Preparación

GLASEADO
Colocar en una cacerolita el caldo, las pimientas, los peperoncini y el pimentón. Cocinar a fuego suave hasta que se reduzca a la mitad. Fuera del fuego agregar la mermelada y mezclar.

SOLOMILLO
Limpiar los solomillos de grasa y retirar el cordón. Mechar con lardons de jamón crudo. Salpimentar.
Colocar en una placa y rociar con el glaseado. Hornear a 220°C durante 10 minutos. Rociar de nuevo con el glaseado, bajar la temperatura a 160°C y cocinar por 30 minutos más.

GUARNICIÓN
Lavar los papines con un cepillo y cortarlos por el medio. Pelar los pimientos y cortarlos en juliana de 2 cm de ancho. Cortar las cebollas en aros. Separar las flores de la coliflor. Colocar todo en una asadera honda, junto con los dientes de ajo enteros, el romero y las aceitunas descarozadas. Bañar con el aceite. Hornear a 80°C durante 1 hora.

MONTAJE
Filetear el solomillo. Servir en los platos, con los vegetales confitados. Salsear con el resto del glaseado.

Tarteletas calientes de chocolate, remolachas confitadas

Ingredientes

TARTELETAS
Chocolate cobertura, 125 g
Manteca, 125 g
Cacao amargo, 20 g
Yemas, 4
Azúcar, 200 g
Claras, 4

GUARNICIÓN
Remolachas, 4
Agua, 300 cc
Azúcar, 100 g
Miel, 1 cucharada

SALSA
Leche, 250 cc
Vainilla, 1 vaina
Yemas, 3
Azúcar, 50 g
Crema de leche, 100 cc
Pasta de pistachos, 1 cucharada

MONTAJE
Pistachos picados

Preparación

TARTELETAS
Derretir el chocolate; añadir la manteca y el cacao y revolver hasta homogeneizar. Batir las yemas con 125 g de azúcar hasta que espesen. Integrar la mezcla de chocolate. Batir las claras con el resto del azúcar hasta obtener un merengue; incorporarlo en forma envolvente. Dividir en dos partes iguales.
Enmantecar y enharinar moldes para tarteletas de 7,5 cm de diámetro y 4 cm de profundidad. Llenarlos hasta la mitad con una parte de la preparación. Cocinar en horno precalentado a 170°C durante 10 minutos. Retirar y dejar enfriar. Completar con el resto de la preparación. Hornear por 15 minutos más. Retirar y desmoldar.

GUARNICIÓN
Pelar las remolachas, cortar en cubos de 1 cm y hervir 5 minutos. Llevar a hervor el agua, el azúcar y la miel. Añadir las remolachas. Cocinar a fuego suave hasta que estén tiernas.

SALSA
Hervir la leche con la vainilla. Retirar del fuego, tapar y dejar en infusión durante 15 minutos. Quitar la vainilla.
Batir las yemas con el azúcar hasta que espesen. Verter un poco de la leche caliente, revolviendo sin cesar. Volcar sobre la leche restante. Revolver sobre fuego suave hasta que nape la cuchara. Colar. Incorporar la crema y la pasta de pistachos.

MONTAJE
Servir una tarteleta caliente en cada plato. Colocar las remolachas a un costado y decorar con la salsa. Espolvorear con pistachos picados.

Vocabulario técnico

A

Á point (a punto): Punto de cocción que alcanzan las carnes rojas cuando la temperatura interna llega a 60-65°C en el centro.

Acaramelar: Bañar un pastel o cubrir un molde con caramelo.

Aceite neutro: Aceite que no aporta sabor a las preparaciones; por ejemplo, el de girasol.

Aparato: Mezcla que sirve como base para diversas preparaciones de cocina.

Aparato a bomba: Mezcla de yemas batidas y almíbar que sirve como base de postres.

Asar a la parrilla: Método de cocción en el que se utiliza una parrilla calentada por carbón, gas o electricidad.

B

Baño de María: Método para cocinar lentamente o para mantener los alimentos calientes en un recipiente colocado dentro de otro que contiene agua caliente.

Baño de María inverso: Método para enfriar rápidamente o para cortar la cocción de los alimentos en un recipiente colocado dentro de otro que contiene agua helada.

Batir a blanco: Trabajar con batidor una mezcla de huevos y azúcar hasta lograr una consistencia cremosa y un color claro.

Bechamel: Salsa blanca madre elaborada con un roux y leche.

Bien cuit (bien cocido): Punto de cocción que alcanzan las carnes rojas cuando la temperatura interna llega a 70°C en el centro.

Blanquear: Método de cocción rápida de verduras de hoja o de precocción de otros alimentos por inmersión breve en agua hirviendo.

Bleu (azul): Punto de cocción que alcanzan las carnes rojas cuando la temperatura interna llega a 45-50°C en el centro.

Bouquet garni: Pequeño ramillete de hierbas aromáticas que se incluye durante la cocción y se retira al final.

Brasear: Método de cocción con poco líquido que se realiza dentro de un recipiente tapado o de una brasiere a presión.

Bridar: Atar un ave o una pieza de carne para lograr que se cocine en forma pareja y darle buena presentación.

Brocheta: Trozos pequeños de carne, pescados o vegetales ensartados en un pincho y asados.

Brunoise: Corte de vegetales en cubos de 2 mm de lado.

C

Carré: Pieza de carnicería que puede ser de cordero, cerdo o ternera. Comprende las primeras y las segundas costillas.

Cebolla cloutée: Cebolla en la que se ha insertado un clavo de olor.

Chiffonnade: Corte de verduras de hoja que se enrollan y se cortan bien finas.

Chips: Láminas de frutas o verduras fritas u horneadas a muy baja temperatura con almíbar o azúcar impalpable hasta que resulten crocantes; se utilizan para decorar.

Ciselado: Corte de hortalizas bulbáceas en contra de la fibra.

Compota: Cocción de hortalizas o frutas en un líquido sin materia grasa.

Concassé: Corte en cubos de tomate pelado y sin semillas.

Confitar: Cocinar lentamente en materia grasa.

Coulis: Salsa líquida que se obtiene procesando frutas o verduras.

Crema chantillí neutra: Crema de leche batida sin adición de azúcar ni aromas.

Crema inglesa: Salsa dulce elaborada con yemas, azúcar y leche.

Crema pastelera: Crema base de la pastelería, de consistencia espesa, elaborada con yemas, azúcar, almidón de maíz, leche y vainilla.

Crépine: Mesenterio. Membrana grasa que rodea las vísceras de los animales. La de cerdo y la de cordero suelen usarse para envolver piezas de esas carnes.

D

Desglasar: Verter un líquido en un recipiente caliente donde se ha sellado un alimento, con el fin de levantar los jugos caramelizados.

Deshuesar: Retirar los huesos de un animal o de una pieza de carne.

Doble ciselado: Corte de hortalizas bulbáceas primero en emincé y luego en ciselado, para obtener cubos.

E

Ecrassé: Aplastado o machacado.

Emincé: Corte fino y largo de hortalizas bulbáceas a favor de la fibra; se conoce también como pluma.

Emulsión: Mezcla inestable de dos líquidos no miscibles.

Escalope: Tajada fina de carne o pescado.

Española: Corte de las papas en rodajas de 5 mm de espesor.

Espumar: Retirar la espuma y las impurezas que suben a la superficie de un caldo, una salsa o un almíbar.

Estofar o guisar: Método de cocción con abundante líquido y a muy baja temperatura, que por lo general se inicia con una guarnición aromática y una materia grasa.

F

Filetear: 1- Retirar los filetes de un pescado. 2- Cortar en láminas.

Flamear: Rociar una preparación con algún alcohol y encender.

Fondo: Caldo.

Fonsear: Recubrir con masa las paredes y la base de un molde.

Freír: Método de cocción por inmersión en un medio graso.

Fumet: Caldo de pescado.

G

Galette: Preparación en forma de disco delgado.

Ganache: Crema de pastelería elaborada con crema de leche y chocolate cobertura.

Gigot: Cada una de las patas traseras del cordero.

Glasear: Dar brillo a un producto con una reducción de fondo o con un caramelo blanco.

Gratinar: Dorar la superficie de una pieza o una preparación cocida o cruda.

Grillar: Asar un alimento en una parrilla o plancha.

H

Hervir: Método de cocción por inmersión en agua o fondo, que pueden estar fríos o calientes antes de llegar a la ebullición.

Hornear: 1- Cocinar en el horno cualquier preparación. 2- Asar carnes en el horno, dentro de un recipiente con poca materia grasa y sin líquido adicional.

I

Infusión: Método para extraer el sabor de una sustancia aromática mediante reposo en un líquido caliente.

J

Juliana: Corte de vegetales en tiras, por lo general de 6 cm de largo y 1 o 2 mm de ancho.

L

Lardon: Bastón de tocino o panceta.

Ligar: Amalgamar una preparación mediante el agregado de un ingrediente o una mezcla aglutinante.

Ligue: Mezcla de yemas y crema de leche que se utiliza para ligar rellenos de tartas.

M

Macedonia: Corte de vegetales en cubos de 5 mm de lado.

Magret: Pechuga del pato que fue criado para obtener foie gras.

Majada: Miga de pan procesada con ajo, perejil y frutos secos que se usa en la cocina española para espesar y saborizar sopas y salsas.

Manteca clarificada: Manteca que se ha fundido para obtener la materia grasa libre del suero y los sólidos.

Marinar: Dejar un alimento en contacto con un líquido aromático para que absorba los perfumes.

Masa cigarette: Masa realizada con cantidades iguales de manteca, azúcar impalpable y harina, y ligada con clara de huevo que sirve para realizar tulipas o tejas.

Medallón: Tajada de carne, ave, pescado o foie gras de forma redonda y plana.

Mirepoix: Corte de vegetales en cubos irregulares, que se emplea para fondos. La mirepoix clásica tiene zanahoria, cebolla, apio y puerro.

Montar: Batir crema, huevos, manteca o salsas para darles una consistencia ligera y aireada.

P

Paille (paja): Papas o batatas cortadas en juliana y fritas.

Papillote: Envoltorio de papel que contiene alimentos para su cocción en el horno.

Parfait: Postre frío elaborado con un aparato a bomba y un producto que define el sabor.

Pilaf: Forma de cocción de cereales que consiste en saltearlos en materia grasa y luego adicionarles caldo condimentado.

Pionono: Plancha de masa elaborada a partir de un batido liviano de huevos y azúcar que se lleva a 45ºC antes de la adición de harina y luego se hornea.

Praliné: Crocante elaborado con caramelo y frutos secos.

Q

Quenelle: Porción ovalada de una preparación cremosa, que se obtiene con ayuda de dos cucharas.

R

Ragú: Término genérico que se aplica a estofados de carne y verduras.

Reducir: Disminuir por evaporación el volumen de un líquido para concentrar su sabor.

Regenerar: Calentar una preparación elaborada de antemano.

Rehogar: Cocinar un alimento en poca materia grasa, a fuego suave y sin remover, hasta que resulte tierno.

Roux: Mezcla cocida de manteca y harina que se usa para espesar salsas. Según el tiempo de cocción, su color puede ser claro, rubio u oscuro.

S

Saltear: Cocinar un alimento en poca materia grasa, a fuego vivo y removiendo, hasta que resulte tierno.

Sellar: Dorar superficialmente una carne a alta temperatura para que no pierda sus jugos durante la cocción.

Spaetzle: Pasta similar a pequeños ñoquis, típica de la cocina centroeuropea y proverbial acompañamiento del goulash.

Sudar: Cocinar un alimento en poca materia grasa, a fuego suave y sin remover, hasta que suelte líquido sin tomar color.

T

Tamizar: 1- Pasar por un tamiz ingredientes en polvo para eliminar impurezas. 2- Pasar por un tamiz una preparación cruda o cocida para que resulte lisa y homogénea.

Tournedos: Rodaja gruesa obtenida de la parte central del lomo.

V

Vapor, al: Método de cocción que se realiza ubicando los alimentos en un canasto perforado sobre un líquido en ebullición, sin que tomen contacto con éste.

Vinagreta: Salsa fría compuesta básicamente por una emulsión de una materia grasa y de un ácido y un producto graso.

Z

Zest: Piel de cítricos sin membrana blanca.

Índice

Recetas

VERDURAS, LEGUMBRES Y QUESOS

PASTAS, ARROZ Y POLENTA

Índice

POSTRES CON CHOCOLATE

Índice